HK 航空服务管理专业教材

HANGKONG FUWU GUANLI
ZHUANYE JIAOCAI

Minyong Hangkong
Fuwu yu Guanli

民用航空服务与管理

主 编 ◎ 刘海英　黄　希　范　薇

首都经济贸易大学出版社
Capital University of Economics and Business Press
·北京·

图书在版编目（CIP）数据

民用航空服务与管理/刘海英，黄希，范薇主编． ——北京：首都经济贸易大学出版社，2018.9
ISBN 978-7-5638-2850-0

Ⅰ．①民… Ⅱ．①刘… ②黄… ③范… Ⅲ．①民用航空—旅客运输—商业服务—教材 ②民用航空—航空运输管理—教材 Ⅳ．①F560.9

中国版本图书馆 CIP 数据核字（2018）第 190493 号

民用航空服务与管理
刘海英　黄　希　范　薇　主编

责任编辑	浩　南　赵　杰
封面设计	砚祥志远·激光照排　TEL：010-65976003
出版发行	首都经济贸易大学出版社
地　　址	北京市朝阳区红庙（邮编100026）
电　　话	（010）65976483　65065761　65071505（传真）
网　　址	http://www.sjmcb.com
E-mail	publish@cueb.edu.cn
经　　销	全国新华书店
照　　排	北京砚祥志远激光照排技术有限公司
印　　刷	北京建宏印刷有限公司
成品尺寸	185毫米×260毫米　1/16
字　　数	313千字
印　　张	12.25
版　　次	2018年9月第1版　2023年12月第3次印刷
书　　号	ISBN 978-7-5638-2850-0
定　　价	55.00元

图书印装若有质量问题，本社负责调换
版权所有　侵权必究

编审委员会

主　　任：胡亦如（首都机场航空服务人才培养中心院长）
副 主 任：王　峰（原海南航空人力资源部经理）
主任委员：董淑霞（原中国国际航空股份有限公司主任乘务长、教员、国家级高级乘务员）
　　　　　杨桂琴（原中国国际航空股份有限公司培训教员、国家级高级乘务员）
　　　　　李晓蔚（原海南航空股份有限公司高级客舱经理）
　　　　　金　钊（原海南航空股份有限公司客舱乘务长、国家级高级乘务员）

编审指导委员会

总策划：闫伟强
主　任：金　枝
副主任：杨　帅　　侯森田　　谭博鸿
委　员：侯卜伟　中国东方航空公司
　　　　　付　盟　中国国际航空公司
　　　　　石彩云　原卡塔尔航空公司
　　　　　王晓培　原德国汉莎航空公司
　　　　　邹建英　中航联盟教育投资有限公司市场部经理
　　　　　钱　林　东方航空公司北京分公司离港部经理
　　　　　朱晓彤　海南航空公司
　　　　　蒋贝贝　山东交通职业技术学院航空系主任

前　言

随着社会经济的迅速发展，人们生活水平的日益提升，社会交往活动的频次提高以及民用航空业国际化进程的加快，越来越多的人选择以快速、安全著称的飞机作为出行的交通工具。客流量不断增加，客源种类不断丰富，对民用航空客舱服务人员的对客服务提出了更高的要求。规范化、个性化以及优质化的客舱服务是提高航空公司服务质量，提升航空公司形象的重要保障。

优质的服务意识、优雅的服务举止、得体的服务语言、熟练的服务流程、扎实的专业知识是民用航空客舱乘务员对客服务的基本要求；娴熟的服务技巧、精准的个性化服务、得当的细微服务是民用航空客舱乘务员对客服务的升华，这对高素质技能型的国际化乘务人才培养提出了新的要求。本书的编写顺应民用航空国际化发展趋势以及民用航空乘务人才培养的新要求。

本书共分为九个章节，编写依据各航空公司《客舱乘务员手册》《机上广播词》等，包括客舱服务概述、乘务员概述、客舱服务内容、特殊旅客服务、机上娱乐设施、不正常航班、国际航班服务、客舱管理、民航知识扩展等方面的内容。通过知识梳理、案例分析、实践操作、课后练习等环节，以图文并茂的形式展现航空服务的相关知识，具有一定前瞻性以及极强的综合性。本书不仅适用于航空专业的学生，也可作为航空公司新乘务员养成培训的参考用书。本书编写人员为具有多年飞行经验的行业专家及具有多年教学经验的高校骨干教师。他们为本教材的编写付出了辛勤的劳动，同时也丰富了自己的专业教学。

由于时间仓促，水平有限，书中疏漏、错误在所难免，恳请各位专家和广大同行批评指正。

目 录
Contents

第一章　客舱服务概述　/ 1

第一节　服务的概述　/ 1
第二节　客舱服务概述　/ 8

第二章　乘务员概述　/ 17

第一节　乘务员的概念　/ 17
第二节　乘务员的专业技能　/ 24
第三节　乘务员的职业素养　/ 31

第三章　客舱服务内容　/ 44

第一节　迎送旅客服务　/ 44
第二节　广播服务　/ 52

第三节　客舱餐饮服务　/ 62

第四节　客舱广播服务　/ 87

第五节　特殊餐食服务　/ 89

第四章　特殊旅客服务　/ 99

第一节　特殊旅客概述　/ 99

第二节　特殊旅客的类型及服务特点　/ 100

第五章　机上娱乐设施　/ 120

第一节　电子娱乐系统　/ 120

第二节　报纸杂志服务　/ 131

第六章　不正常航班服务　/ 136

第一节　不正常航班　/ 136

第二节　不正常航班旅客服务内容　/ 140

第三节　不正常航班的相关处置　/ 142

第四节　不正常航班服务的注意事项　/ 143

第七章　国际航班服务　/ 150

第一节　国际航班的定义　/ 150

第二节　免税品服务　/ 154

第三节　国际航班注意事项　/ 157

第八章　**客舱管理** / 159

第一节　客舱管理的概念　/ 159
第二节　人为因素影响　/ 161
第三节　客舱管理的内容与要求　/ 164

第九章　**民航知识扩展** / 169

第一节　最新机型展示　/ 169
第二节　乘务工作专业术语　/ 176
第三节　乘务专业代码　/ 177
第四节　各种酒类　/ 179

参考文献 / 183

第一章　客舱服务概述

教学目标

1. 了解服务的定义。
2. 树立服务的意识。
3. 明确客舱服务的概念和重要性。
4. 了解客舱服务的内容。
5. 掌握客舱服务与一般服务的差异。
6. 掌握客舱服务中常见的服务忌语。

第一节　服务的概述

一、服务的概念

（一）"服务"的一般解读

关于服务的概念，中外不少学者有不同的解释和定义。

（1）美国市场营销协会（AMA）对服务的定义：服务是用于销售或附属于商品销售过程中的活动、利益或满足感。

（2）1990年，格鲁诺斯（Gronroos）给服务下的定义：服务是以无形的方式，在顾客与服务职员、有形资源等产品或服务系统之间发生的，可以解决顾客问题的一种或一系列行为。

（3）美国营销大师菲利普·科特勒（Philip Kotler）进一步提出，服务是一方提供给另一方的任何活动或利益，基本上无形的，也不会牵涉任何实体的所有权，而且不必附属于实体的产品之上。

我国学者韦福祥认为，服务是一个或一组活动过程，它或多或少具有无形的性质。这种过程的目的是使服务接受者获得某种"状态的变化"。

（4）《现代汉语词典》是这么解释服务的：服务就是为集体（或别人的）利益或为某种事业而工作。

综合以上对服务的描述，本书认为，服务就是本着诚恳的态度，为别人着想，为别人提供方便或帮助；是一种满足他人期望和需求的行为、过程和结果；是为他人做事，并使他人从中受益的一种有偿或无偿的活动。

案例分享：

某位客人想在商场一家国外品牌按摩椅店选购一台按摩椅，当他看了一圈后，没有一个人来理他。于是他找到了一个正在整理发票的服务员，问道："我想买一台按摩椅。"服务员问道："你要买什么样的？"这时，另一个服务员走过来跟这位服务员说话，打断了他们的对话。客人只能在旁边等着。隔了几分钟，这位服务员才接着问道："你需要买什么样的按摩椅，总有个预算吧。"客人回答道："一万左右的吧。"于是服务员给他推荐了一台，并让客人坐上去试试。然后为客人打开了电源，之后就离开继续忙自己的事了。

这位客人试了一下按摩椅，觉得不是太舒服，就起身了。服务员走过来，问道："你感觉怎么样？"客人回答道："不是太好，我总觉得没有按到穴位。"

服务员对他说"那是你自己还没习惯，多按几次就好了，这个按摩椅很好的，没有任何问题。"客人听到后，觉得这种服务态度非常差，特别失望地离开了这家店。

分析：

该服务员完全没有用心去服务客人，也没有做出服务行为。对客人没有用礼貌用语，不闻不问，也不认真聆听客人的要求，更把客人对产品的疑惑归结到客人身上。这样的服务水平是非常低劣的。

（二）服务的英文解读

服务的英文拼写是"SERVICE"，每一个字母其实都有丰富的含义，传达出服务的基本要求。

S：Smile（微笑待客）

微笑待客是服务行业最基本的要求，从事服务行业的人首先应该具备对每一位客人提供微笑服务的素质。

在民航服务业中，许多乘务员长得也许并不是特别漂亮，但是非常有亲和力，笑容也很有感染力。现在国内很多航空公司在乘务员招聘面试中，第一轮的考核内容就是微笑。许多考生还没来得及展现自己的特长，就在微笑考核这一关被淘汰，这也说明微笑待客在民航服务业中的重要性。

案例分享：

我在某次航班上服务头等舱的旅客，那天旅客非常多，起飞之后我就开始一轮一轮地服务，基本没有休息，心情也开始变得不好。服务到一半，乘务长到前舱厨房对我说："3A的旅客向我投诉你在客舱服务时完全没有微笑。"我觉得很奇怪，就辩驳道:"3A的旅客根本不是我负责服务的啊,我负责的服务区域是在客舱的右边,客舱左边的旅客都不是我服务的,他怎么会投诉我呢?"乘务长说:"你在客舱服务时表情怎么样,所有旅客都看在眼里,你全程没有微笑,客人是看得到的。"

(来源:某航空公司乘务员)

E:Excellent(优秀)

服务人员要精通业务技能,不仅要把乘务工作按照程序完成,还要非常出色地完成。

R:Ready(做好准备)

服务人员应具有随时做好服务旅客和解决不同问题的能力,并且需要站在旅客的角度思考问题,想客人之所求。

想客人所求,就是将客人所想提前化的一种服务。不同的客人需求是大不相同的。比如,在飞机上乘务人员要学会观察旅客。如果看到一位旅客登机时对飞机上的一切都感到很新奇,东张西望,看起来很紧张,可以猜到他也许是第一次坐飞机,因此,当看到他杯子里饮料喝完时可以主动问一句,"还需要添加饮料吗?"以免他因碍于面子不敢开口;如果看到有些旅客在客舱里看书,则可以为他们主动打开阅读灯,而不用等旅客来问阅读灯在哪里,或者有些旅客根本不敢开口。

V:Viewing(观察)

服务人员要学会观察,即要懂得观察细节,好的服务是在细节中体现的,而客人也是从细微之处去感受周到的服务的。

案例分享:

上海航空某次执行郑州—上海航段的航班,那天郑州下了很大的雪,机组在登机时发现客梯车表面结了一层冰。乘务长担心旅客会因此滑倒,于是带领组员冒着严寒,用飞机上的毛毯铺满了客梯车的每一个台阶,并将客舱温度尽量调高,厨房的乘务员还准备了热茶水给旅客,让旅客登机就可以喝到热茶暖身子。这一小小举动体现了乘务员温暖而温馨的服务,而优秀的服务往往来源于细心的观察和对细节的敏锐把握。

I:Invite(邀请)

服务人员在每一次服务结束时都应让客人感受到诚意和敬意,真诚地再次邀请客人。不要把它看作一句客套话,更不要让客人觉得你恨不得他赶紧走,而是应该发自内心地去表达诚意。

C:Create(创造)

服务工作并不是一成不变机械式的重复,它是具有创造性的。每一位乘务人员都要有独特的创造性,要为客人创造出温馨的服务环境和氛围。

E：Eye（眼光）

服务人员为客人服务时，应保持眼神接触和交流，流露出热情真诚的眼神，让客人感受到你关注他、重视他。

（三）如何理解优质的服务

优质的服务英文为"GREAT SERVICE"，GREAT一词的每个字母都对"优质"进行了很好的诠释。

G：Genuine（真诚）

优质的服务不只是单纯的微笑，而是发自内心的、真诚的想要服务客人的愿望。真诚表现在时时刻刻都在为客人的利益着想。

R：Respectful（尊重）

服务人员要尊重客人，要有包容性，不能因客人外表、经济条件、地域、宗教上的差异而表现出有差别的服务和不同的态度。

E：Efficient（高效）

服务人员要有高效的工作节奏，在相同或更短的时间里，保质保量地完成任务。

A：Accomplished（社交）

服务人员要善于与他人交往、沟通和交流，懂得各种场合的礼仪、礼节以及处理与不同性格、文化背景的客人的关系。

T：Tailored（订制的）

优秀的服务不应该是用机械不变的方式去服务旅客，而应针对不同的群体和特征，提供个性化、订制化的服务。

案例分享：

谈谈我眼中的五星级航空服务

卡塔尔航空连续四年被国际航空运输评级组织Skytrax评为"全球最佳航空公司"，这家世界五星级的航空公司更是一直以"为旅客提供五星级服务"著称。

很多坐过卡塔尔航空的飞机的旅客会说，卡塔尔航空是他们坐过感觉服务最好的航空公司，但是好在哪里，却很少有人能细细道来。除了机上的座位比其他航空公司宽敞、餐食选择更多这些硬件以外，我想五星服务的概念应该远远不止这些。

我曾有幸作为一名空中乘务员任职于卡塔尔航空，也深刻体验到了卡塔尔航空对乘务员服务要求上的严格培训。乘务员是航空公司服务理念的传播者，卡塔尔航空的培训也一直要求乘务员把五星级的服务传递给旅客。

什么是五星级服务？

我的理解是：永远别把服务停留在微笑、耐心、关心等空洞的字眼上面，服务永远是做出来的，不是说出来的。卡塔尔航空对乘务员的培训是出名的严苛，乘务员在妆容经过严格的检查之后才能登机，不能有碎发，皮肤状态要良好，口红颜色和指甲油颜色必须是一样的，等等。这些方面的要求其实都体现了乘务员的精神面貌，也代表着航空公司的精神面貌，更是对旅客的尊重。尊重，本身就是服务的一部分。

卡塔尔航空经济舱的餐饮服务要求发餐前要为旅客提供热毛巾；乘务员给旅客提供的饮料杯子一定要放在旅客小桌板的右上方；提供任何带有Logo的东西给旅客时，一定要把Logo正面对着旅客；发放餐盘时必须将放置餐盒的这一面面对旅客。这些其实都是很小的细节，却体现着五星级航空公司的服务质量与水平。

我们在进行客舱服务的语言表达培训时，教官就直接要求，当旅客向乘务员提出需求时，如果乘务员想回答他"当然可以"，不能使用英文单词Sure，而必须要用Certainly。为什么会这么严格的抠字眼儿呢？因为卡塔尔航空认为"Sure"是一个非常口语的表达，当旅客问你："我可以要杯白水吗？"乘务员回答"Sure"，就有一种"当然啦，废话啊，这还用问吗"的意思；如果乘务员回答"Certainly"（是的，肯定可以的），语气上更正式，也显示了对旅客的尊重。

我还记得在进行商务舱、头等舱的服务培训时，教官特别针对日本旅客的特点进行了专门的文化分析。大家都知道，日本是一个礼仪之邦，日本旅客会相对更加注重礼节。于是针对这个特点，卡塔尔航空的服务要求，在商务舱和头等舱一对一服务日本旅客时，一定不要忘记鞠躬。在给旅客提供完服务离开时，退后两步，鞠躬，再转身离开，而且转身的方向也有特别的规定。正是这些看似严苛的服务细节，使卡塔尔航空获得了四次全球最佳航空公司的殊荣以及世界五星级航空公司的称号。

永远记住，优质的客舱服务绝对不是说出来的，而是做出来的。如果你问我该如何做，那么就从细节抓起。

（来源：卡塔尔航空乘务员）

二、服务的特性

关于服务的特性，不同的学者站在不同的角度，有不同的观点。菲利普·科特勒综合多数学者的观点，认为服务具备以下四个最普遍的特性。

（一）无形性

服务是由一系列活动组成的过程，而不是实物，这个过程我们不能像实物那样看到、感觉到或者触摸到。对大多数服务来说，购买服务并不等于拥有了所有权，例如，航空公司为旅客提供服务，但并不意味着旅客就拥有了飞机上的座位。

（二）不可分割性

服务的生产和消费是在服务提供者与服务接受者之间相互作用共同完成的，它们必定同时产生，无法分割。比如，旅客坐飞机，在飞机上乘务员给旅客提供服务的时候，也正是旅客消费服务的时候。

（三）差异性

服务是由人表现出来的一系列的行动。服务的流程、操作是可以进行规范的，但是服务是由人来提供的，它会因人、因时、因地而发生变化，因此，服务是具有差异性的，没有完全一样的服务。

（四）易逝性

服务过程是一个消费的过程，它只有在提供时才存在，服务不能在生产后储存备用，客户也无法购后储存。比如，旅客坐飞机，他能享受到的客舱服务就只是在坐飞机的那段时间里，旅客不能把这份服务储存起来下飞机后继续使用；再如，一个病人向心理咨询师咨询，心理咨询师提供的咨询服务不管满意与否，都无法退货，也无法将这份服务储存起来或者转让给他人。

三、服务的意识

（一）服务意识的定义

意识在心理学中被定义为人所特有的一种对客观现实的高级心理反映形式。服务意识是指企业全体员工在与一切企业利益相关的人或企业的交往中所体现的为其提供热情、周到、主动服务的欲望和意识。服务意识的内涵有：

（1）服务意识是发自服务人员内心的。

（2）服务意识是服务人员的一种本能和习惯。

（3）服务意识可以通过培养训练而形成。

服务行业的工作者必须具备服务意识，只有提高对服务的认识，增强服务意识，才能激发服务人员在服务过程中的主观能动性。

案例分享：

这是我的一次亲身经历。我在几年前乘坐过四川航空公司重庆到上海浦东的航班，再从上海浦东转乘国际航班。当晚的飞机预计19：00起飞，21：30左右到达上海，我的国际航班是00：55左右起飞，那天当所有旅客都已登机，坐在客舱等待起飞时，乘务员通过广播告诉旅客，由于流量控制，我们的航班要延误，所有旅客只能坐在飞机上等。我非常着急，因为我不知道要延误多久，而且我还要到上海转机到其他国家去，如果没有赶上国际航班，那我第二天的工作将无法进行。大概过了一个多小时，飞机还是没有起飞，我非常着急，不停地向乘务员询问航班的最新动态，并告知了乘务员我的情况。

过了一会，乘务长过来，他先是安抚了我的情绪，并要我把我的转机资料拿给他，并告诉我他会立刻向机长汇报情况。几分钟后，乘务长告诉我，我们的飞机预计在21：30左右起飞，正常情况下会在23：30落地。但是我下一个航班值机柜台关闭的时间是23：55，我必须在25分钟内赶到值机柜台换取登机牌。乘务长看出我非常焦虑，他一直安慰我，告诉我机长已通知了上海浦东机场的地勤人员，等飞机落地后，地勤人员会在机舱门口等我，带我走快速通道，压缩办理转机的时间，并且会尽力让地勤人员早点把我的托运行李找到。我对他的话半信半疑，仍然很焦虑。

　　幸运的是，飞机在21:25起飞了，在飞机开始下降时，乘务员又来通知我，让我可以先移到第一排的座位，这样就可以早点下机，争取转机时间。最后，飞机在乘务长告诉我的时间内到达了，下飞机时，我看到地勤人员已在门口等待，舱门口送客的乘务员还在安抚我，告诉我别着急，肯定可以赶到的。当我赶到托运行李领取口时，看到我的行李居然第一个出来了。我最终在国际航班值机柜台关闭前5分钟赶到了，顺利地坐上了转机航班。多年来，我每次回想起那次乘机的经历，想起整个机组成员那么真心地想要帮助我，我都非常的感动。

分析：

　　案例中的事件，是在机长、乘务员和地勤人员的共同努力下成功解决的。在现实工作中，许多时候，遇到航班延误，旅客焦虑抱怨时，乘务员会推卸责任，"这是天气的原因，我们也没办法"，"我也不知道"等。虽然乘务员也觉得自己委屈，但是如果是一个具有服务意识的乘务员，他会想尽办法努力帮助旅客。正如案例中的机组人员，在旅客面临问题时，没有直接推卸责任，而是积极地为旅客想办法，并且及时和旅客沟通交流。

　　就算案例中的旅客最后没有成功赶上飞机，当他看到机组所有成员都在想办法帮助他，尽最大努力解决问题时，他也一定会理解。在服务行业中，并不是服务人员一定要满足了客人的要求才叫有服务意识，也不是说只要按照服务程序和服务技巧去做了就叫有服务意识，而是在客人遇到问题时，服务人员表现出来的积极、主动、用心为客人解决问题的态度和行为，这才是服务意识的体现。

（二）服务意识的提高

　　服务意识在服务行业里的重要性毋庸置疑，但是如何提高服务工作者的服务意识？首先，作为服务工作者，要清楚自己的客人需要什么，重视什么。如果是在民航服务业，乘务人员就要清楚地意识到，旅客通过乘务人员的服务想要得到就是安全出行和舒适的体验。因此，乘务员应该站在旅客立场思考，建立服务意识。

　　1. 听的技巧

　　一个具有服务意识的乘务人员一定是懂得倾听旅客心声的。懂得倾听才能够从旅客的言语中了解他的想法，才能明白旅客真正的需求。同时，认真倾听也代表着对旅客的尊重，会取得旅客的信任。

　　2. 说的技巧

　　沟通是人与人之间互动的主要桥梁，说在服务中起着举足轻重的作用。尤其是在民航服务业，飞机内空间狭小，说话就更应掌握技巧。所以，乘务员在和旅客沟通时，要急事慢慢说，没把握的事谨慎说，没发生的事不要说。尽可能地对旅客持肯定态度，理解旅客的心理需求。

3. 应答技巧

服务行业最忌讳与客人一问一答式的沟通，这会让客人觉得你的态度冷漠，会让服务过程显得死气沉沉没有乐趣。所以在和客人沟通时，要积极回应，双方互动才是有效的服务。

提高服务意识的方法还有很多，这就需要在以后的实际工作中不断地总结和体会，只有先做到最基本的服务意识，服务工作才会更健全和稳固。当然，更重要的是发自内心地热爱自己所从事的工作，愿意真诚地用心为客人服务，并牢记自己代表的是公司的形象。只有这样，才能提高自己的服务意识，才能为客人提供高质量的服务。

四、服务行业的分类

《现代汉语词典》将服务行业定义为为人服务、使人生活上得到方便的行业。一般来说，服务业可分为四类。

（一）流通服务

从事商品或服务流动与交易的行业，如通信业、交通运输业、网络服务业、广告业、商业批发和零售业。

（二）生产者服务

那些与生产直接相关的服务，如银行、信托及其他金融业、保险业、房地产、工程和建筑服务业、会计和出版业、咨询信息、法律服务等。

（三）社会服务

提供劳务的形式来满足社会需要的服务，包括医院、教育、福利和宗教服务、非营利机构、政府、邮局及其他专业化服务。

（四）个人服务

与个人消费相关的服务，包括家庭服务、修理服务、旅馆和饮食业、洗衣服务、理发与美容、旅游、娱乐与休闲及其他个人服务等。

第二节　客舱服务概述

一、客舱服务的概念

从狭义的角度看，客舱服务是按照民航服务的内容、规范和要求，以满足旅客需求为目标，为航班旅客提供服务的过程。这是一种狭义的理解，它强调客舱服务作为服务的基本特征。

从广义的角度看，客舱服务以客舱为服务场所，以个人影响力与展示性为特征，是将有形的技术服务与无形的情感传递融为一体的综合性活动。它既强调客舱服务的技术专业性，又强调客舱服务过程中的情感传递。这里的技术与情感，对乘务员的专业及个人素质具有特殊的要求。

从旅客的角度看，客舱服务的关键是旅客对乘务员一切行为的感受，是一种基于客观基础上的主观感受，也可以说是乘务员在客舱服务中给旅客留下的印象。

从航空公司的角度看，客舱服务是航空公司提供给旅客的安全、快捷、舒适的出行产品。

二、客舱服务的重要性

（一）客舱服务是体现航空公司企业文化的重要窗口

客舱服务是航空公司直接面对旅客服务的窗口，它直接代表着航空公司的形象，展现着航空公司的企业文化，是航空公司服务水平的重要体现。例如，大家一提到新加坡航空，想到的就是它高水平的服务。即使没有坐过其航线的旅客，也会常常听说关于新加坡航空空乘人员优雅的形象、细致贴心的服务、宽敞舒适的座位，等等，这些都成为新加坡航空品牌的重要标志，也是新加坡航空向世界展现其企业文化的重要的窗口和推动力。

（二）客舱服务是服务营销的重要手段

客舱服务质量的高低直接影响航空公司的经济效益，也就是说，一个航空公司服务质量的好坏关系着这家航空公司的企业利润和信誉，旅客对该公司的服务满意程度越高，那么旅客再次选择该公司的概率就越大，所以一家公司的常旅客能够为该公司带来更多的潜在客户。而给公司带来更多的利润也是提升客舱服务质量的最重要目的之一。

知识拓展：

什么叫常旅客？

常旅客计划（Frequent Flyer Program，FFP），是指航空公司向经常乘坐飞机的旅客推出的以里程累积或积分累计奖励里程为主的促销手段，是吸引旅客、提高公司竞争力，为公司带来更多利润的一种市场手段。

国际上现有三大航空联盟：星空联盟（Star Alliance）、天合联盟（Sky Team）、寰宇一家（One World）（见图1-1）。目前，国内的国航、深航属

图1-1 三大航空联盟

于星空联盟；天合联盟的成员有南航、东航、厦航等；寰宇一家的成员有卡塔尔航空、港龙、国泰等。加入了这三大航空联盟中的任何一家航空公司的常旅客计划，搭乘所属联盟的所有有效航班，都可以获取里程，并通过这些里程兑换任意成员航空公司的免费航班。这也可以帮助航空公司之间实现资源共享。

三、客舱服务的主要内容

客舱服务一般分为两种形式：有声服务和无声服务。

（一）有声服务

是客人听到的招呼声、问候声等，用语言表达出来的服务。有沟通交流、机上广播等。

（1）沟通交流。乘务员应使用职业规范的服务用语，热情接送，帮助旅客解决飞行过程中遇到的问题。

（2）机上广播。乘务员会通过广播向机上旅客介绍航班概况，以及突发情况下的及时广播。

（二）无声服务

是顾客看到、观察到的，感受到的服务，包括硬件条件、环境卫生，服务人员的动作、表情、反应等。体现在餐饮服务、机上供应品、娱乐服务、客舱环境、客舱设备等方面。

（1）餐饮服务，包括正餐、点心、饮料的供应。

（2）机上供应品，包括提供书报杂志、毛毯、洗漱品、玩具等。

（3）娱乐服务，包括机上音频、视频等服务。

（4）客舱环境，包括厕所、客舱的卫生与整洁，灯光的亮度调节，客舱的温度变化等。

（5）客舱设备，包括座椅舒适度、机上娱乐设施等。

四、客舱服务与一般服务的差异

客舱服务也是服务的一种，但是它除了要求客舱服务人员具备一般服务行业所需要的服务意识、服务知识和服务技巧以外，对客舱服务人员的专业技能，抗压能力、良好的心理素质、身体素质以及面对突发状况时的应变能力有更高要求。与一般服务相比，客舱服务的特点表现在以下四个方面。

（一）服务环境

客舱服务的环境跟一般服务行业相比，有很大的特殊性。因为客舱面积狭小，人员密集，设施功能特殊，环境和条件都有限，所以飞行状态和旅客的心理状态都会给客舱服务带来影响。

（二）服务对象

客舱服务对象——旅客的期望值会更高。乘坐飞机的客人所花费的金钱相比一般的服务行业要高许多，所以旅客内心会对客舱服务、设备以及餐饮等产生更高的期望值或者提出更高的要求。

（三）服务人员的要求

客舱服务人员和一般服务行业的服务人员相比，角色更加多元化，他们除了是服务人员以外，还有可能是医护人员、消防员等。因此，对客舱服务人员的综合素质的要求也更高。客舱服务人员要求具有稳定的心理素质，具有善于发现问题，果断处理问题的能力，具有灵活的沟通能力和应变能力，具有亲和力、组织能力，等等。这就是为什么航空公司在空乘面试时要求会非常严格，考核的内容也非常多。

（四）服务内容

与一般服务行业相比，客舱服务的内容更加复杂和丰富，具体表现在以下三个方面：

1. 安全责任重大

客舱服务的首要原则是确保客舱的运行安全，所有的服务都是在基于客舱安全的前提下进行的。保证客舱的安全也是服务的一部分。

案例分享：

作为乘务长，我会尽量把已知的消息告知旅客，让大家安心。安全是最重要的，对于所有机上安全事项，我都会十分谨慎。我在航班上会检查每一个细节，尤其是旅客的手袋，我们准备起飞时都会认真检查，以确保他们不会将任何杂物放置在走廊上，希望所有旅客都安全到达目的地。

（来源：港龙航空乘务长林静雯）

2. 服务过程必须符合技术规范的要求

客舱服务既要达到国家规定的服务标准，又必须符合民航安全运行的要求。因为客舱服务的规范性是影响飞机安全的重要因素之一。因此，客舱服务内容较一般服务操作过程更为严谨和规范，服务覆盖的范围也更丰富和广泛。例如，怀抱婴儿的旅客，乘务员一般是不会为他提供热饮服务的，因为飞机如果突然遇到气流导致颠簸，乘务员或者旅客手中的热饮就有可能烫伤婴儿。但是如果遇到旅客坚持要求热饮，乘务员也必须严格按照规定，只倒杯子1/2量的饮料给旅客。

3. 个性化服务

现代交通运输业的激烈竞争对客舱服务的个性化提出了更高的要求。因此，客舱服务针对不同的特殊客人，要提供个性化的服务，带给旅客不同的飞行体验。例如，针对不同宗教信仰的旅客，航空公司都会有相应的特殊餐食提供；为头等舱、商务舱旅客提供姓氏服务等。

综上所述，客舱服务在服务环境、对象、要求和内容上都有其特殊性，但是这并不是说，因为旅客的期望值更高，客舱服务就要在任何情况下都满足旅客要求。我们要记住，客舱服务与一般服务最大的不同就是客舱的安全服务永远是最重要的，在任何危及航空安全的情况下，乘务员都不应该妥协。但是这也不代表乘务员就可以一味地拒绝旅客，在不违背公司规章制度的前提下，乘务员要学会"软硬兼施"，并且要懂得权衡利弊。

案例分享：

某次国际航班上，飞机开始下降，乘务员用广播告知旅客卫生间已停止使用。这时有位外国旅客跑到后厨想用厕所，乘务员告诉他不可以，飞机已经在下降了，他必须回到座位上坐好。于是这位旅客回到了座位上。隔了几分钟，飞机还没降落，旅客再次跑到后厨，想上厕所，乘务员再次拒绝了他，告诉他飞机马上就要降落，请立刻回到座位上，虽然旅客表情是百般难忍，但还是转身回到了座位。过了一会儿，飞机仍然没有降落，这位旅客又来了，说确实忍不住了，要上厕所，可是乘务员依旧以飞机下降很危险、公司有规定、不安全等理由拒绝了，这位旅客生气地回到了座位。一般情况下，广播通知飞机30分钟就会降落，可是那次航班飞机下降时间已经过了30分钟旅客在30分钟内试图去了三次厕所，都被拒绝。

终于，飞机落地了，然而这位旅客并没有立刻到后舱来上厕所，而是在下飞机时把一个装满黄色液体的矿泉水瓶递给了正在登机口欢送客人的乘务员，并告诉她，这就是你不让我上厕所的后果。

（来源：某航空公司乘务员）

分析：

飞机开始下降，原则上，为了旅客的安全，卫生间确实不能使用，因为如果在使用过程中飞机出现任何颠簸，都有可能使得正在使用卫生间旅客遭受意外伤害。乘务员三次拒绝客人在飞机下降时使用卫生间，从客舱安全的角度来说是正确的。

然而客舱服务不是只有"满足"和"拒绝"，"软硬兼施"很重，在按规定执行的同时，灵活掌握原则也是一种服务艺术。在广播飞机开始下降的10分钟内，时间是可以灵活掌控的，乘务员让旅客使用洗手间的同时要善意提醒他飞机下降可能会有颠簸，请扶好把手，同时再次委婉提醒旅客飞机已经开始下降，动作要稍快一些。而不应该机械地用一成不变的方式告诉旅客：这是公司的规定，不允许。

正常情况下，飞机落地前的10分钟机长会要求所有乘务员坐好、系好安全带，此时如还有客人要求用洗手间，就不应该妥协，而应婉言阻止，告知其危害性，并善意提醒他,飞机还有 10 分钟就要降落,降落后可以立即使用洗手间,请他理解。

五、客舱服务中常见的忌语

客舱服务中常见的忌语如表 1-1 所示。

表 1-1　客舱服务常见忌语

请别这样说	应该这样说
没有。	请您稍等,我马上去看看好吗?
我不太清楚,不知道。	您稍等一下,我去问一下马上回来告诉您好吗?
我们也没办法啊。	很抱歉给您带来了不便,今天确实因为……我有什么可以帮助到您的吗?
只能怪你运气不好了。	很抱歉给您带来了不便,今天确实是因为……我能有什么可以帮助到您的吗?您有任何需要,请随时告诉我,我们有最新消息会立刻通知您,好吗?
这就是公司的规定。	您好,请问您能不能帮我一个忙,能不能配合我们一下……为了大家的安全……麻烦您……非常感谢。
你说什么?你先听我说。	不要轻易打断旅客说话,待旅客说完之后,可以说:很抱歉,您能让我解释一下吗?可能我们误会了您的意思,您的意思是……是这样吗?
谁叫你这么做的。	没有关系/不要紧,我来解释一下/我来处理好了。
你听懂了吗?	请问我说得清楚吗?要不我再重复一次可以吗?
那是地勤的问题,跟我们没关系。	很抱歉给您造成了不便,我们一定向有关的部门反映您的情况/您方便的话也可以帮我们填一下意见卡,我们一定把您的建议反映到……谢谢您的宝贵意见。

六、各航空公司特色客舱服务案例

(一) 芬兰航空——来自圣诞老人故乡的问候

芬兰航空作为圣诞老人故乡的官方航空,在每年的 12 月都会带领圣诞老人去往世界各地派发礼物,还会把驯鹿图案涂装在特定的航班上,旅客在圣诞期间乘坐飞机都有可能遇到圣诞老人,这也是芬兰航空为旅客提供的特别的机上礼物。2016 年的圣诞节,圣诞老人就坐着芬兰航空的航班来到中国给孩子们送礼物(见图 1-2)。

(二) 深圳航空客舱个性特色服务

(1) 休息卡提示服务。您休息时,我们会在您的座椅前面贴上"旅客休息卡",并随时关注。您可以在旅途中放心休息,醒来后请随时呼叫我们,我们将及时为您提供

图1-2 芬兰航空圣诞老人

服务。

(2) 客舱致礼。在飞行的过程中我们将向您介绍乘务组成员的姓名，鞠躬示意以表达我们对您的问候和感谢！

(3) 温馨提示。在2小时以上的航班上，为您带来"温馨提示"栏目，介绍乘机常识、生活常识，引导旅客安全、舒适乘机。飞机下降前，我们将为您送上糖果，以缓解压耳。同时我们还将为您介绍目的地的交通、旅游及未来天气情况等信息，以方便您的出行。

(4) 机上健身操。在2小时以上的部分航班上，我们将带领旅客做健身操，消除长时间飞行带来的疲劳。

(5) 欢乐驿站。根据所飞航线和时间的要求，在节假日或一些特定航班上，我们将为您带来机上"欢乐驿站"节目，带领旅客猜谜、做游戏、一起表演节目，进行娱乐互动活动，活跃旅途气氛，您还可能通过参与我们的活动获得精美礼品。

(6) "爱心姐姐"服务。对于无成人陪伴的儿童，"爱心姐姐"会全面照顾他们的乘机安全，安排好他们的机上旅途，和他们一起玩游戏、讲故事，带他们参观飞机客舱等。帮助他们度过一个愉快的旅途。

(7) 生日祝福。如果乘机当日正巧是您的生日，我们会为您准备精美的贺卡，在万米高空为您送上最美好的祝福。

(三) 新加坡航空的服务理念

新加坡航空一直被誉为舒适和安全的航空公司，"不断创新，以旅客为本"是新加坡航空一直以来的理念（见图1-3）。

1. 人性服务

新加坡航空有一项服务叫"新航流动服务"，就是在航班起飞和抵达时间发生更改

图1-3 新加坡航空

时,新加坡航空会在第一时间通过电邮、手机短信与文字传呼通知客户。粗看,这样的服务方式感觉很平常,但仔细一想,这样的服务很人性化。对旅客来说,很多人都经历过等机的痛苦,这个小小的举措让顾客预先知道最新的航班时间,从而免除了等待之苦。而针对这种现象,航空公司一般只是在候机大厅里通过广播或大屏幕通知,而旅客大多数都是苦苦等待。在这个过程中,旅客白白浪费了时间和精力,新加坡航空注意到了这点,体现了新加坡航空服务的人性化。

2. 增值服务

新加坡航空的服务原则是宾至如归。所有员工在服务理念中始终贯彻这一原则,他们提出,要使每一位旅客从进入飞机起就感觉如在朋友家中做客一般。新加坡航空也的确是这样做的,任何一位旅客只要刚坐上座位,新加坡航空的乘务员就会笑容满面地拿着衣架翩翩而来,征求你的意见看是否要把衣服挂起来,乘务员会把衣服挂在写有旅客登机卡号的专柜里,而在下机前,她们又会及时把上衣送还。飞机起飞之前,乘务员甚至还会别出心裁地送上一只插着牙签的点心请旅客选用。而针对洲际航行异常劳累的特点,新加坡航空引入了饭店服务策略,将"流动饭店"搬进了机舱。不等旅客召唤,乘务员即会送来一份印刷精美的菜单,上面用英、法、中等各种语言标识每餐饭名称,并对每位旅客所选的主菜进行及时登记。而在开饭时,会主动给旅客小桌铺上一张一次性桌布,待旅客用完餐,乘务员又会悄无声息地走来,把用餐的托盘取走,再送上一些甜食和水果。可以说,通过这样完美无缺的增值服务,使旅客在空中享受到的服务异常超值,一点不亚于任何一家五星级酒店!

3. 精确服务

新加坡航空充分引入了精确服务理念,并将其贯穿到服务的每一个细节上。尤其令人惊叹的是新加坡航空异常精确的服务细节。对于机票服务,新加坡航空提出了精确服务法。通过遍布全球各地的电脑订票系统网络,任何旅客在任何国家都可随时预订新加坡航空任何班次的机票,且能够同时得到飞机上的座位号。乘务员还会将座位号贴在每一个旅客的登机卡上，然后站在机舱门口欢迎旅客，并引导旅客对号入座，接着会在舱位图上做记号。当旅客坐在舒适的座位上，享受乘务员温馨的服务时，航空公司会预先将航班的全体旅客姓名按舱位平面图进行准确排列，并及时交给当班乘务员，而每个乘务员需要在短短几分钟内记住自己所负责的那一舱位所有旅客的姓名。每个乘务员都要管理数十位旅客，要一下子记住这么多旅客的名字，真的是很不容易。但是试想，当乘务员以姓来称呼旅客时，便一下子接近了旅客与航空公司之间的心理距离，感到的是自己在这里受到了不一样的尊重，那种心理感觉是何等的美妙！而这样细致体贴的精确服务，在世界航空公司中也是独此一家！

多年来，新加坡航空公司以其独特的人性服务、增值服务和精确服务理念被国际民用航空组织评为优质服务第一名。新加坡航空在服务的过程中，及时引入先进服务及管理理念，然后结合东方文化中固有的文明待客的礼仪，将二者充分地融合在一起，以旅客第一为服务宗旨，规范每一个服务行为，细化每一个服务流程。以细致入微的服务征服了来自五湖四海的旅客，使新加坡航空的服务品牌誉满全球！

练习题

你是如何理解"客人永远是对的"？

"客人永远是对的"这句话是美国现代酒店之父斯塔特勒先生提出的。这句话其实并不是在对客人做的事情进行的一个判断，它只是一种服务的理念。而这种理念也并不是说旅客无论做任何事情，我们都要一味服从，从而失去主见和原则。其实在客舱服务中，我们提到的"客人永远是对的"这一观念，是指当旅客对客舱服务的方式、服务内容或者与乘务员的沟通交流发生误会或提出意见时，乘务员能在服务中站在旅客的立场上考虑问题，从理解旅客、尽量让旅客满意的角度来解决问题，给旅客以充分的尊重，并最大限度地满足旅客的要求。这种观念就是要把"对"让给旅客，要给旅客留足"面子"，但事实上，旅客做的任何事情并不都是对的。

如何把这一观念运用到客舱服务中呢？具体表现在以下四点：

（1）要充分理解旅客的需求。如果旅客提出的要求超越了客舱服务的范围，但又是正当的需求，我们就必须意识到这并不是旅客的过分要求，而是我们的服务做得不到位，所以乘务员对于旅客的这些要求要尽量给予满足，实在难以满足的，必须向旅客表示歉意，取得旅客的谅解，并积极改进。

（2）要充分理解旅客的想法和心态。当旅客因身体、情绪等原因而对客舱服务提出各自不满，把气撒在乘务员身上时，作为乘务员应该给予理解，并以更优质的服务去感动客人。

（3）要充分理解旅客的误会。由于文化、知识、地位等差异，旅客对客舱服务的规则会因不理解而提出种种意见，或拒绝合作，这时乘务员应该向客人做出真诚的解释。

（4）要充分理解旅客的过错。由于种种原因，有些旅客故意找碴，或强词夺理，乘务员应该善于运用服务技巧，富有艺术地把"理"让给客人，给客人面子。

第二章　乘务员概述

教学目标

1. 了解乘务员的定义。
2. 了解乘务员的工作职责。
3. 了解乘务员的资质要求。
4. 了解乘务员的配备要求。
5. 了解乘务员的飞行小时时限及休息期要求。
6. 明确乘务员的专业技能要求。
7. 明确乘务员的职业素养要求。

第一节　乘务员的概念

空乘，即空中乘务员，也叫客舱乘务员，是指根据航空公司空中服务程序、规范以及保障客舱安全管理规则，在飞机客舱内为旅客提供服务的人员。空乘的英文为 Flight Attendant，简化为 FA，也可以叫作 Cabin Crew，简化为 CC。

一、空乘专业英文代码的含义

F/C：First Class 头等舱

J/C：Business Class 公务舱

Y/C：Economy Class 经济舱

CF：Chief Purser 主任乘务长

PS：Purser 乘务长

FS：First – class Stewardess 头等舱乘务员

CS：Commercial Stewardess 商务舱乘务员

FA：Flight Attendant 经济舱乘务员

CP：Captain 机长

FO：First Officer 副机长

知识拓展：

世界上第一位空姐

第一次世界大战结束后，民用航空得到了快速发展。那时的飞机上没有专职的服务人员，但随着客机载客量的增加，旅客也开始对机上服务提出了更多的要求。当时美国一名年轻的女护士艾伦·丘琦（Ellen Church）除了是一名护士以外，在业余时间学习飞行并获得了飞行员执照，她走进了波音航空运输公司的办公室求职，希望获得一份工作。但当时航空公司不愿意雇佣女性担任飞行员，而负责人辛森先生认为，如果把护士服务项目带到飞机上，对于照顾旅客的身体健康和稳定旅客的情绪是很有好处的。因为那个时候大家对飞机的安全性还有一定的质疑，很多旅客对乘坐飞机很是担忧，人们更愿意选择火车作为出行交通工具。艾伦·丘琦建议说，在飞机上有一名注册护士有助于缓解旅客的担忧，她还认为男性的自尊心也会起作用，她说要是有一名女性在飞机上工作，哪个男性会说自己害怕飞行呢。于是辛森先生决定雇佣艾伦·丘琦小姐，这样她就成了历史上第一位空姐。1930年5月15日，艾伦·丘琦首次在客机上为旅客服务，航线是旧金山—怀俄明州（见图2-1）。

图2-1 艾伦·丘琦

目前世界上现役最年长的空姐

贝蒂·纳什（Bette Nash）于1947年在美国东方航空公司开始了空乘生涯，飞行了近60年，已经81岁的她仍在飞行（见图2-2）。

贝蒂说当她第一次坐飞机的时候，就想成为一名空乘。她回忆说，那时候的工作，体力消耗非常大，因为机组只有一名空乘，她要照顾到所有旅客，当然比起现在，当时旅客并不多。

那时的妆容，可以用睫毛膏，但眼影是不允许的，身体也不能超过一定重量，否则公司会给你一个星期"减肥"。贝蒂开始飞行的时候，班表是用粉笔写在黑板上的，安全手册都是纸质的书本，不像现在，所有的事项都在屏幕里显示。

当问到是否担心科技会取代她时，贝蒂笑着说："不可能，这一行需要人情味，人们需要情感互动。航空业经过了一系列的变革，但有一项科技无法改变——机组人员欢迎你登机时的笑脸。"

贝蒂始终带着自豪而迷人的微笑，没有任何迹象表明她会放弃蓝天。

图2-2　贝蒂·纳什

二、乘务员的工作职责

保证客舱安全和提供优质服务是乘务员最重要的两项工作。进行这两项工作中的任意一项，都需要严格地遵守制度，认真地执行规章，认真对待工作，仔细为旅客服务。一方面，这两者相互统一，密不可分；另一方面，客舱安全服务是基础，没有客舱安全，就没有客舱的优质服务。保障旅客安全是法律赋予乘务员的最高职责，也是航空公司最重要的责任，任何事情都不能和这一最高职责相抵触。

新闻链接：

空乘人员不是服务员，安全职责是第一

民航局《关于进一步加强客舱安全工作的紧急通知》明确指出，客舱工作的第一要务是保证旅客人身安全。尤其是"飞机滑行期间客舱乘务员不得从事与安全无关的工作，只能履行安全职责"，"确保起飞后20分钟或平飞至落地前30分钟能完成所有旅客服务程序"，以及"飞机进入下降阶段后不应再为旅客提供餐食服务"。

安全是飞行的第一要务，客舱安全职责是乘务员工作的第一职责，客舱服务一定要服从于客舱安全。早在2012年，民航局就要求"确保在起飞后20分钟或平飞至落地前30分钟能完成所有旅客服务程序"，"飞机进入下降阶段后不应再为旅客提供餐食服务"，在飞行关键时刻的这50分钟里，空中服务必须为航行安全让路。

根据国际航协（IATA）的统计，当前世界范围内商业飞机每年约遇到5 000宗严重湍流；飞机误入晴空湍流而导致旅客受伤的事件每年数以百计。在非致命的飞行事故中，最容易造成旅客和乘务员受伤的原因，是空中颠簸，特别是晴空颠簸。

从起飞后到平飞以及平飞至落地前这段时间，航路天气是最不可控的，在高度变化的同时极容易出现风向和风速的不稳定，容易出现气流颠簸。据不完全统计，2011年和2012年，中国民航有将近100人（含机组成员）因空中颠簸而受伤。

在这段时间进行客舱服务，乘务员所承受的安全风险是旅客的数倍。比如，如果飞机颠簸时乘务员还在收拾餐具，就很有可能会因为没系好安全带而受伤，同时餐具飞起也有可能导致旅客受伤。

（来源：民航资源网 2015-09-01）

（一）各岗位乘务员的工作职责

不同岗位的乘务员对应的具体工作职责是有区别的。一般来说，乘务员按岗位大致可分为主任乘务长/乘务长、厨房乘务员、客舱乘务员。根据不同的机型，各舱位的乘务员岗位职责及负责的区域也会有一定区别。

主任乘务长/乘务长在执行航班中应全程监控服务工作和客舱安全，是整个客舱服务的总负责人。

厨房乘务员，主要是在机上经济舱和商务舱、头等舱厨房工作的乘务员。

客舱乘务员，又分为普通舱和商务舱乘务员、头等舱乘务员，主要对自己负责区域的旅客提供安全和服务工作。

1. 主任乘务长/乘务长的岗位职责

（1）负责整个乘务组的工作安排，组织领导监督客舱服务工作，处理旅客投诉等各种事宜，确保航班服务工作的顺利进行及客舱的安全。

（2）负责与机长联络，协助机长保证旅客、客舱、货物、飞机在正常和应急情况下的安全。

（3）负责签收供应品、餐食、客舱清洁以及对外联系工作。

（4）在飞行过程中对全客舱进行巡视监控。

（5）负责驾驶舱和商务舱、头等舱的服务工作。

（6）负责客舱娱乐系统的操作，机上娱乐节目的播放、灯光的调节控制以及客舱温度的调控。

（7）负责L1门的安全检查及操作。

2. 厨房乘务员的岗位职责

（1）负责客舱厨房及厨房区域的工作。

（2）检查落实该岗位负责区域应急设备和服务设备处于良好状态。

（3）负责餐食、饮料及厨房供应品的数量清点，掌握航班餐食配备情况。

（4）起飞降落时关闭厨房设备电源，确保厨房用品处于安全固定的状态。

（5）负责厨房的清洁卫生。

（6）按照航班提供服务的需求，将要提供的餐食和供应品准确无误地提前装进餐车。

（7）协助客舱乘务员完成客舱服务工作。
（8）负责检查、清点厨房物品，并填写物品交接单以便交接给下一个航班厨房乘务员。

3. 客舱乘务员岗位职责
（1）负责该岗位区域的座位、舱门、紧急设备、客舱设备以及清洁卫生的检查。
（2）负责该岗位区域的旅客服务和安全工作。
（3）为特殊旅客提供特殊化的服务。
（4）负责机上商品的销售工作。
（5）负责该岗位区域舱门的正常与紧急情况的操作。
（6）负责该岗位区域的安全检查及清查客舱。
（7）负责客舱安全示范演示。

（二）乘务员的工作流程

1. 登机前的工作流程
（1）各乘务员按照岗位职责完成各项安全检查工作。
（2）检查厨房设备、物品、食品、餐车等情况。
（3）确认客舱及洗手间干净整洁。
（4）整理摆放好报纸杂志。
（5）打开行李架，方便旅客登记后安放行李。
（6）播放登机音乐和录像。
（7）调节客舱灯光，使客舱保持明亮。
（8）检查仪容仪表，站在指定位置，准备迎接旅客登机。

2. 登机时的工作流程
（1）在指定位置迎接问候旅客。
（2）及时引导旅客就座，协助旅客安放好行李。
（3）如发现不符合客舱安全规定的行李物品，及时向主任乘务长/乘务长报告。
（4）向需要特殊照顾的旅客提供特别帮助，并做特殊的介绍。
（5）向头等舱、商务舱旅客提供饮料服务，并做自我介绍。
（6）为头等舱、商务舱旅客挂好外套，并标注好旅客的座位号以及目的地。
（7）向旅客提供报刊、枕头、毛毯服务。

3. 飞行中的工作流程
（1）按规定的服务程序和操作标准提供航班各项服务。
（2）按规定合理安排机上商品的销售服务。
（3）保持客舱灯光柔和，夜间长途飞行应适当调暗灯光。
（4）保持客舱、洗手间的卫生，及时补充洗手间的卫生用品。
（5）适时巡视客舱，提供必要的旅客服务，对待特殊旅客提供特殊服务。
（6）随时观察、监控客舱安全动态。

（7）飞机如遇颠簸，及时广播并检查客舱旅客安全或是立刻停止客舱服务。

4．着陆前的工作流程

（1）完成填写必要的表格、交接单、报单等。

（2）归还头等舱、商务舱旅客的衣物。

（3）做好降落前的安全检查工作，并报告主任乘务长/乘务长。

5．到达后的工作流程

（1）解除各舱门的滑梯预位状态。

（2）在各自的岗位送客致谢。

（3）做清舱检查。

（4）整理毛毯、枕头及书刊等物品。

三、乘务员的资质要求

在飞机上担任乘务员，应当按照民航总局批准的《飞行乘务员训练大纲》，经严格的训练，并考试合格，获取相应的、现行有效的乘务员执照，才能取得乘务员岗位的工作资格。

乘务员在执行航班任务时，必须携带以下证件：

（1）中国民用航空客舱乘务员训练合格证（见图2-3）。

（2）民用航空人员体检合格证。

（3）中国民航空勤登机证。

（4）中华人民共和国因公护照或因公往来香港、澳门特别行政区通行证、中华民国台湾地区出入境许可证。乘务员执行国际或港澳台地区航线的飞行任务应携带本人的护照或港澳通行证、台湾出入境许可证，证件应具有合法的签证和有效期。

图2-3　中国民用航空客舱乘务员训练合格证

以上任何一个证件如有过期、丢失或擅自涂改的乘务员，不能安排执行飞行任务。在执行飞行任务时，当局方运行检查员或其他安全检察人员进行检查时，乘务员应接受检查并按要求出示证件。

四、乘务员的最低配备要求

根据中国民航总局公布的《大型飞机公共航空运输承运人运行合格审定规则》（1999年5月5日公布，2016年4月4日第四次修订），为了保证安全运行，每架载运旅客的飞机上，对客舱乘务员的配备有一个最低的要求：

（1）对于旅客座位数量为20~50个的飞机，至少配备1名客舱乘务员。

（2）对于旅客座位数量为51~100个的飞机，至少配备2名客舱乘务员。

（3）对于旅客座位数量超过100个的飞机，在配备2名客舱乘务员的基础上，按照每增加50名旅客座位即增加1名客舱乘务员的方法配备，不足50的余数部分按照50计算。例如，某航空公司的空中客车A321型飞机，座位数量为177个，按照旅客座位数量超过100个的飞机，配备2名客舱乘务员；另外每增加50个旅客座位即增加1名客舱乘务员，不足50的余数部分按照50计算，那么177-100=77，这77个座位就还需再增加2名乘务员，所以这架飞机需要配备4名乘务员。当然，航空公司在保证乘务员最低配备的基础上，根据旅客的数量以及机型和航班的服务类型，是可以适当增加乘务员的配备数量的。

五、乘务员的飞行小时时限及休息期要求

乘务员的休息期是指从乘务员到达休息地点起，到为执行下一次任务离开休息地点为止的连续时间段，在该段时间内，航空公司不得为该乘务员安排任何工作和给予任何干扰。为了确保飞行安全，民航主管部门确定了乘务员的休息期法定标准。

根据民航总局公布的《大型飞机公共航空运输承运人运行和各审定规则》的相关规定：

（1）客舱乘务员的总飞行时间在任何连续7个日历日内不能超过40个小时。

（2）在1个日历月内不得超过110个小时。

（3）在1个日历年内不得超过1 200个小时。

（4）按照最低数量配备乘务员时，乘务员的工作时间不得超过14小时，执飞航班后应当安排至少9个连续小时的休息期。

（5）如果在最低数量配备上增加乘务员，每增加1名乘务员，乘务员的工作时间不得超过16小时；增加2名乘务员，乘务员的工作时间不得超过18小时；增加3名或者3名以上乘务员时，乘务员的工作时间不得超过20小时。

（6）执飞时间超过14小时，乘务员应该有至少连续12个小时的休息期。

案例分享：

2017年，中国民航总局分别对我国的三家航空公司予以行政处罚，因为它们给机组人员安排的休息期低于法定标准。其中一家航空公司未对两名连续工作了7天的客舱乘务员安排一个至少连续36小时的休息期，民航华北局对此做出罚款20 000元的行政处罚。

其实在飞行中经常有可能遇到一些意外，导致机组人员工作超时。香港国泰航空有一架从日本出发的国际航班飞行途中因为机组人员即将超时，于是中途降落台湾地区，另从香港地区派员赴台湾地区换班。根据香港民航处飞行标准指引，对机组人员

的飞行职务时段（Flight Duty Period）设有严格时限，所以一些航空公司宁愿中途换班，也不愿意违反规定。

> **知识拓展：**
>
> **航空安全员**
>
> 航空安全员，又称空中安全员，是指在民用航空器中执行空中安全保卫任务的空勤人员。不同于飞行警察（空警），航空安全员是航空公司的职工，而空警是警察。由于职业特殊性，航空安全员一直伪装成普通旅客身份隐蔽工作，或者以乘务员的身份出现。
>
> 航空安全员的职责是保卫机上人员与飞机的安全；在旅客登机前和离机后对客舱进行检查，防止无关人员和不明物品遗落在客舱内；制止与执行航班任务无关的人员进入客舱和驾驶舱；在飞行中对受到威胁的航空器进行搜查，妥善处置发现的爆炸物、燃烧物和其他可疑物品；处置机上非法干扰及扰乱性事件；制止扰乱航空器内秩序的行为。部分安全员还需配合乘务员做好对旅客的服务工作。

第二节　乘务员的专业技能

乘务员因其岗位具有特殊性，在上岗之前需要经过一系列严格的专业训练，并通过各类专业技能的考核，以确保能够胜任这份工作。

乘务员在最初进入航空公司时，需要通过乘务员初始技能培训。培训的内容主要包括三大部分：客舱服务（Cabin Service，CS）、客舱安全及应急处置（Safety Emergency Procedure，SEP）、急救处置（First Aid，FA）。除此以外，根据乘务员不同的工作经历和担任的不同职位，还需要在不同的阶段完成不同的专业技能训练，如 CRM 培训、定期复训、不同机型的培训、升舱位的培训。

一、客舱服务训练

乘务员在上岗之前需要接受航空公司客舱服务知识及服务技能的训练，以确保乘务员在飞行中能按照公司的服务程序和已掌握的服务技能给旅客提供相应的服务。除此以外，客舱服务内容也包括职业形象训练、语言表达技能训练、旅客服务心理训练等与客舱服务相关的训练。

二、客舱安全及应急处置训练

乘务员在上岗之前需要针对不同的机型经过一系列的安全训练。训练的内容包括：不同机型的机上设备与系统、客舱的安全管理、紧急疏散、安全演示、危险品运输训练等内容。

（一）紧急疏散（Evacuation）

乘务员必须熟悉机舱内的结构设计，特别是应急设备的设计，熟练掌握紧急门的操作、紧急情况下的撤离程序，以及紧急救生滑梯、救生衣、救生船的使用方法。当飞行中遇到紧急情况飞机必须着陆时，飞机的"应急出口"就必须要打开，乘务员要第一时间打开机舱门，同时引导旅客在最短时间内从应急救生滑梯疏散逃生。如果是水上迫降，乘务员则要引导旅客穿上救生衣，搭上水上救生艇，将救生艇与机身分离，让大家安全撤离。不同的机型与情境，疏散的方式也会不同。而在整个过程中，老人、小孩、孕妇、残疾人等都要优先区别对待，乘务员将会是最后离开机舱的人。乘务员熟练的操作会给旅客的安全撤离争取宝贵的时间（见图2-4）。

图2-4 乘务员在进行紧急撤离训练

（二）消防（Fire Fighting）

为什么航空公司严禁旅客在客舱吸烟？因为机舱的一个小火苗在3秒内便能窜成大火，造成严重的毁灭性火灾。如果在飞行中遇到火警，乘务员需要迅速判断引燃类别和情况，并使用BCF灭火器和氧气面罩立刻进行灭火。在整个灭火过程中，乘务员不仅需要争分夺秒，更要专业果断。所以在客舱安全培训中也会专门针对消防进行训练，确保机舱内失火时，乘务员可以采取专业的消防措施（见图2-5）。

图2-5 乘务员在进行消防训练

(三) 危险品 (Dangerous Goods) 运输训练

危险品运输训练代码为DGTT，是乘务员安全训练中非常重要的一项训练。

危险品是指在航空运输中，可能含有对健康、安全、财产或环境造成危害的并在国际航协《危险物品规则》中列出的，或依据此规则归类为危险品的物品或物质。包括行李、货物中的危险品。

并不是所有不能带上飞机的物品都叫危险品，不能上飞机的物品分为禁止携带也禁止托运物品、禁止随身携带但允许托运物品、限制随身携带物品等。

乘务员需要接受航空运输中的危险品管制培训，要熟知危险品的种类，敏锐地判断飞行危险品的存在，并立即制止相关物品出现在机舱内，只有这样，才能把意外事件发生的机率降到最低（见图2-6）。

图2-6 危险品标识

(四) 炸弹处理 (Bomb Handling)

炸弹劫机事件应急处理是乘务员安全紧急培训的一门必修课。遇到类似事件，乘务员必须立即做出应对，找到炸弹装置的确切位置，并对炸弹执行后续处理程序与安顿操作（见图2-7）。

除了机场严格的安检以外，空乘人员

图2-7 定时炸弹

第二章 乘务员概述

就成了飞机上的最后一道安保防线。在现实生活中,许多旅客在乘机时喜欢开玩笑或者发泄情绪,谎称飞机上有炸弹,或者自己身上带有炸弹,这种玩笑和情绪的发泄都会给航班带来非常严重的后果。

案例分享:

2015 年,成都航空的某个航班上,旅客正有序地登机,安放随身携带的行李。一位乘务员看到有位中年男性旅客正在费力地把一个黄色行李箱举过头顶放进行李舱,就上去询问是否需要帮助:"先生,请问您的箱子里是什么?""炸弹。"这位男性旅客回答。

当乘务员再次向对方确认:"你确定包里装的是炸弹吗?周围这么多旅客都听着,玩笑是开不来的。"这位旅客回答说:"我都已经这么说了,你可以检查一下。"

图 2-8 当飞机遇上"炸弹"

周围的旅客还没缓过神来,成都航空的乘务员第一时间中止了航班起飞计划,民警迅速赶到现场,将这名中年男子控制住。同时,机场方面立即启动非法干扰程序,中止了航班起飞计划,对飞机的客舱和货仓进行清仓,疏散所有旅客下飞机并接受复检。最后发现这名旅客的箱子里并没有携带炸弹,只有一件瓷器礼品。这名旅客说他平时就喜欢开玩笑,生活中都是嘻嘻哈哈的,"炸弹"两个字就是开玩笑不经思考就脱口而出了,对造成的后果非常悔恨(见图 2-8)。

后悔药是没有的,这名旅客的行为已经影响了飞机的正常起飞并扰乱了机场秩序,机场公安局根据《中华人民共和国治安管理处罚法》第 23 条规定对他予以拘留 10 日并处 500 元罚款的决定。

(来源:民航资源网 2015-09-06)

客舱是一个非常特殊的场所,任何细微的不可控制事件都有可能导致一些难以预料的恶性后果。不管这名旅客说的"炸弹"是真是假,在飞机上听到这个词,乘务员必须第一时间采取安全应急程序,绝对不能抱着侥幸的心态,或者相信旅客是开玩笑的心理。如果行李里真的是"炸弹",那将是致命的。所以为了安全,机组人员必须确保飞机上没有任何有可能威胁到航空安全的隐患。

(五)失控旅客的预防管理(Unruly Passenger Prevention and Management)

情绪失控者、醉酒闹事者、滋事骚扰者、精神病患者等,都可能成为危及飞行安全的失控旅客。飞行中若遇到旅客有不理智的行为，并危及其他旅客或机组成员安全的时候，乘务员要协同一致，以机组团队的形式一起制服失控旅客，以维护飞行安全。

中国的航空公司在航班上都配有航空安全员，但国外的许多航空公司一般不会专门配备航空安全员，所以乘务员必须学习自我防卫术及手铐运用。航空公司在入职培训时会训练乘务员基本的搏击术、防身术等，以备不时之需（见图2-9）。

图2-9　韩亚航空乘务员的安保训练

客舱安全及应急处置训练是乘务员专业技能训练最为重要的一部分，客舱安全要在客舱服务过程中将安全措施真正落实到每一个旅客身上。例如，在做起飞/降落前的安全检查时，要求乘务员必须对每一个旅客进行认真严格的检查，确保每位旅客都按照操作系好安全带，安置好行李等；在做安全演示时，乘务员应该做得认认真真，以各种各样的肢体语言，丰富的面部表情与各种动作引起每一位旅客的注意。

三、医疗急救（First Aid）

在飞行过程中，乘务员有时也需要扮演医生和护士的角色，因此在上岗前必须经过专业的医务培训，掌握基本的急救知识以及急救应对措施。乘务员的应急医疗训练应由取得医疗救护培训师资格的人员担任教员（见图2-10）。

乘务员在每天的飞行工作中,都可能遇到旅客的突发疾病或意外受伤,如孕妇突然生产,旅客突发心脏病、癫痫、骨折、休克等。遇到旅客需要急救时,乘务员必须学会专业的操作,如 AED 自动体外除颤器,进行 CPR 心肺复苏术等。在这种情况下,乘务员需要提供紧急的、必要的、基本的急救治疗,直到专业医务人员赶到。

例如,旅客在飞机上忽然晕倒需要急救,就需要乘务员立刻采取心肺复苏急救措施,提供氧气瓶,对旅客实施急救。

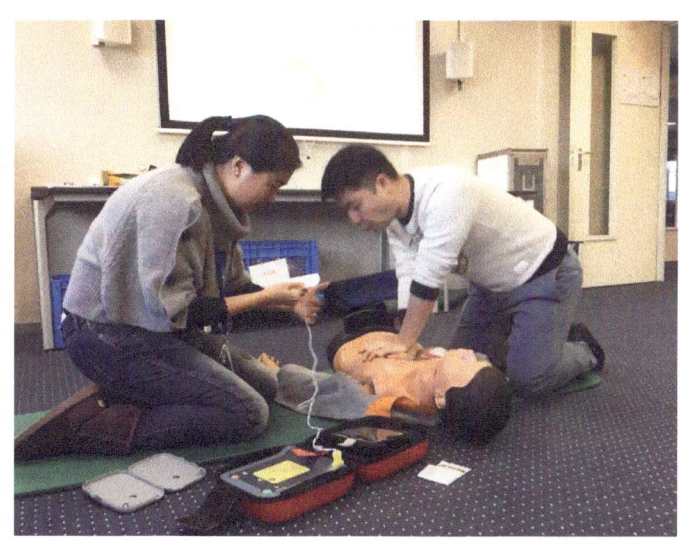

图 2-10　乘务员在做心肺复苏训练

案例分享:

2017 年最后一天,瑞丽航空一架"芒市—昆明"的航班起飞 25 分钟后进入巡航阶段,突然客舱中一名中年男性旅客斜靠在座位上,呼吸困难,表情非常痛苦,乘务员立即报告了乘务长,随后乘务长立刻询问旅客病史,对方表示自己患肺癌多年,此行也没有携带相关药物。乘务员立刻将同排其他两位旅客协调到另外的座位,给病人更多空间,并迅速打开空调通风口,加大空气流通。

旅客之后出现呕吐,情况越来越严重,乘务员立刻拿来氧气瓶,一手扶着病人,一手将氧气罩扣在病人嘴鼻处给他供氧。其他乘务员立刻报告机长,机长随即与地面联系救护。飞机停稳后,乘务员立刻广播,请其他旅客不要离开座位,让病人先走。舱门打开后,机上乘务长立刻抱起奄奄一息的病人,并让安全员协助拿氧气瓶,乘务员携带行李,将重病旅客护送下机至救护车,并给医生交代旅客病情和救护措施。

(来源:民航资源网 2018-01-05)

四、客舱机组与飞机机组联合训练

客舱机组与飞机机组联合训练,又叫机组之间的关系管理,英文为"Crew Resource Management",是指航空公司为了使客舱机组和飞机机组在正常和应急情况下建立良好的沟通和协作关系而开设的训练。该训练不单是为了加强机长和乘务员之间的交流和沟通,更是为了能增强飞行过程中机长、乘务员、地勤人员以及与旅客之间的关系管理。

五、定期复训

定期复训是指针对已经训练合格的在岗乘务员,为了保证其知识的更新和加强熟悉专业技能而定期安排的训练和资格检查。定期复训主要是对乘务员在紧急救援、消防知识、危险预防、医疗急救等专业领域进行的系统考核检测,以确保机组团队的专业技能(见图2-11)。

图2-11 乘务员正在练习打开机舱安全出口

六、升舱位的培训

升舱位的培训是指乘务员需要在不同等级的舱位工作而接受的培训。例如,一位初始乘务员在经过初始培训之后有资格在飞机的经济舱工作,二年后,她被安排在商务舱、头等舱工作,那她就必须接受商务舱、头等舱工作的培训,训练完成且考查合格之后才有资格在相对应的舱位从事客舱服务工作。

七、不同机型的培训

乘务员需要在某一特定机型的飞机上担任客舱服务工作,该飞机机型与原执飞飞机存在差异,那就必须完成对新机型的培训,考查合格后,才有资格担任新机型的客舱乘务员。例如,某位乘务员只完成空中客车 A320 的训练,于是她只能执飞空中客车 A320,但是如果她需要在波音 777 上担任客舱乘务员,那就必须接受波音 777 机型的培训。她只有在训练完成,考查合格并且取得了相应的飞行资质之后,才有资格在波音 777 客机上进行客舱服务工作(见图 2-12、图 2-13)。

图 2-12　空中客车 A380 和 A320

图 2-13　波音 777-300

第三节　乘务员的职业素养

客舱服务工作是航空公司直接面对旅客的服务窗口,优质的客舱服务直接代表了中国民航以及该航空公司的品牌,也是民航业综合水平的重要体现。此外,客舱服务质量的好坏，直接与航空公司的经济效益密切相关。因此，这种特殊的岗位和职责要求乘务员必须具有优秀的职业素养。

一、职业素养的概念

职业素养是人类在社会活动中需要遵守的行为规范，职业素养包括职业素质和个人修养两个方面，是劳动者对所从事职业了解与适应能力的一种综合体现。职业素养主要表现在职业能力、职业兴趣、职业情况以及个性特征、心理状态等方面。

二、乘务员的职业素养要求

（一）仪容仪表（Grooming）

乘务员的外表形象、言谈举止、礼仪形态都直接代表了航空公司的形象，体现了航空公司的个性。拥有良好的外表确实可以使人心情愉悦，舒缓压力。然而这里说的外在条件不是仅仅指"美丽、漂亮"的外貌。对于外在美，我们很难有一个统一的衡量标准，这里说的外在指的是符合空中乘务员这个职业的标准形象，这是每一个空中乘务员都应具备的最基础的素质。

很多航空公司会对乘务员的妆容有严格的要求，比如哪些颜色的眼影、口红是禁止使用的，盘发的要求、丝巾的系法都有标准，甚至乘务员的走姿、站姿、坐姿、微笑等礼仪形态，都要经过严格的训练。

国外一些航空公司的乘务员在上飞机前还会有专门的仪容仪表检查。教员会一对一检查每个乘务员的仪容仪表是否符合公司的标准和要求，如指甲是不是太长，女生的刘海是否超过眉毛，口红颜色是否太淡，鞋子是否有灰尘，制服是否熨烫平整，等等。如果有不符合标准的，会即刻要求其取消执行这次航班任务，并给予警告。这一切其实都体现了作为一名乘务员拥有符合该公司乘务员形象的仪容仪表的重要性（见图2-14、图2-15）。

图2-14　德国汉莎航空公司乘务员

图2-15　阿联酋航空公司乘务员

（二）客户服务意识（Customer Service Mind）

客户服务意识是乘务员综合素质的关键因素，是指乘务员在客舱服务中所体现的为旅客提供热情、周到、主动服务的意识。即自觉主动做好服务工作的一种观念和愿望，它是发自内心的一种思想情感。

服务意识的强烈与淡薄、主动与被动是乘务员的认知问题，认识深刻并有强烈的去体现的观念以及热爱集体和无私奉献的精神和态度就会有强烈的服务意识。具有客户服务意识，是作为一名优秀乘务员最关键的要素。

乘务员服务意识的强弱决定其工作时的态度和行为，也影响着航空公司的服务质量，因为旅客是通过自身的感受来评价乘务员的服务的。乘务员在任何时候都可以给旅客提供真诚的、发自内心的专业服务，除了细心、耐心、用心之外，更重要的是让客人体验到、感受到、听到、看到这一切，这是空乘人员要有的职业素养。宾客至上的服务意识与热情友好、真诚的服务态度可以使旅客产生被尊重以及亲切愉悦的感觉。所以航空公司在招聘和培训乘务员时，会把服务意识作为一项重要的考核项目（见图2-16）。

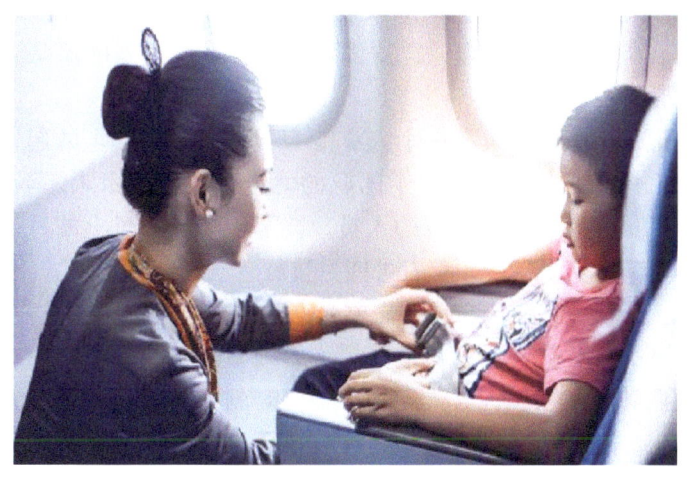

图2-16　客舱乘务员正在协助儿童旅客系紧安全带

服务意识的表现不是单一的，它是多方面累积起来的体现。简单来说，空中乘务员的服务意识可以体现在以下六个方面：

（1）服务他人和耐心沟通的强烈欲望。
（2）良好的服务态度。
（3）工作认真负责，积极主动。
（4）关注细节。
（5）丰富的客舱服务知识。
（6）承受高强度的压力并始终保持积极的态度。

案例分享：

我从小就到英国读书，一个人独自生活了很长时间。17岁时，第一次独自坐飞机，还没有起飞眼泪就流下来了。庆幸机上的乘务员都很亲切，发现我不开心，特地来开解我，让我放松，所以那次体验特别深刻。现在成为乘务长，我希望以同样的细心了解旅客的需要。每个人踏上飞机都有不同的原因，因此服务也得灵活变通，体会不同需要。商务舱旅客需要较少的打扰和贴心的服务，比如，我会记得某位旅客以往曾经要柠檬水，当我再次遇到他时我会说："嗨，陈先生，又遇到你了"，他还未开口我就会递上一杯柠檬水，无须答谢，一个笑容就让人相当满足。

（来源：港龙航空乘务长赵启昕）

（三）团队合作（Team Work）

客舱服务是一项需要依靠团队合作共同完成的工作。在高空环境工作，有限的乘务员要服务上百名旅客，经常同一时间会出现各种状况。在发生紧急情况时，乘务员要能够迅速达成默契，团结起来，保持思想与行动的一致是至关重要的。乘务员明确各自的职责，相互协作，相互配合，这就需要乘务员具有强烈的团队合作精神，共同努力，协作完成任务。

乘务员要谨记一个原则：没有一个人有能力让一架飞机安全的起飞和降落，一架飞机能安全起飞和降落，依靠的是整个团队的力量。这里的团队，不是单指乘务员，还包括机组所有成员、地勤各个岗位的人员，甚至包括在飞机上的每一个旅客。任何一个成员在工作环节中出了问题，都有可能对航班造成安全隐患。

例如，飞机上厕所突然起火，那么需要大家共同来处理。乘务员需要立刻叫支援，拿灭火器灭火，部分乘务员要立刻将情况报告给乘务长和机长；其余的乘务员要做好客舱内旅客的疏散和安抚工作；灭火完毕后，要时刻检查厕所的情况，确保不会有火星使厕所再次着火。在整个工作过程中，没有谁可以独立一人完成的，一定是整个团队包括机长、乘务员和旅客之间互相信任、高度协作才能够使航班安全抵达。

案例分享：

案例一

我在公司服务20多年了，差不多跟所有机舱服务部同事都合作过，无论在空中执勤还是在地面工作，我们都以朋友相称。其中，熟悉的同事都叫我"加加"。我觉得这种密切的情谊，对于我们提供的服务质量非常重要。所谓众志成城，一班航班只有十几位同事，彼此之间的合作、沟通能让工作变得事半功倍。多年来，港龙航空的服务一向以勤快、亲切著称，现在也有不少像我这样资历的同事仍在机上服务。这在我看来是一种传承，以身施教，把我们多年来的传统、经验一代一代地传下去。而年轻的同事身上也有很多东西值得学习，他们的新思维也会激励我一起进步。我始终相信十几个脑袋加起来,一定比一个人做决定好。只要虚心接受别人的意见,对机舱里的服务一定大有帮助。同时拥有正面的工作环境,旅客也能感受得到。

（来源：港龙航空乘务长黎燕加）

案例二

某年南方航空一架从上海浦东飞哈尔滨的航班起飞后,有一名儿童身体抽搐、口吐白沫、意识模糊、双眼翻白,并陷入昏迷,情况危急。乘务员立刻分工协作,迅速展开机上紧急救护,乘务长立刻告知机长情况,机组决定备降最近的沈阳桃仙机场,并通过广播告知机上旅客并得到大家的理解和支持。飞机降落桃仙机场前,乘务员为了能更快地将孩子送上救护车,把孩子提前抱到头等舱等待,直到孩子平安地上了救护车。孩子随后被转送到沈阳市内医院,入院后,身体各项指标趋于平稳。

分析：

机上遇到的任何紧急情况,都需要团队合作。案例中的事件,除了乘务员之间的默契合作,也需要乘务员、机长与旅客之间的相互配合和支持。如果旅客和机组人员之间配合不默契,如果孩子的父母不信任机组,如果有任何一位旅客反对备降计划,都不可能使飞机平安降落,更不可能将孩子尽快送到医院接受治疗。

（四）语言表达技巧（Language Skill）

客舱服务的有声语言是指在服务过程中,乘务员借助一定的词汇、语音、语调与旅客进行的一种表达思想、情感、意愿的交流方式。在和旅客的沟通交流中,乘务员的语言表达体现了乘务员的个人素养,也体现了客舱的文化,同时也是旅客对航空公司服务质量评价的一个重要参考。

在交流过程中,标准的语音语调,得体的用词和逻辑严谨的语言表达会使对方感到舒服、愉悦和亲切；反之,不标准的语音语调,不得体的用词和生硬的说话方式则会使旅客产生反感、不满以至于引起旅客的投诉,严重影响航空公司的形象。

所以,良好的语言表达能力是乘务员的基本职业素养之一,也是提高客舱服务的重要因素,有了良好的沟通,才能为旅客提供更好的服务。

案例分享：

某次航班上乘务员在客舱发餐,机上的正餐有鸡肉饭和牛肉面两种可供旅客选择。可是发到某位旅客时,他想要的鸡肉饭刚好没有了,乘务员查看了一下餐车,发现只剩下牛肉面没有鸡肉饭了,于是对旅客说："先生,我们没有鸡肉饭了,现在只剩下牛肉面了。"旅客很生气,觉得乘务员给他的是没人要的、发剩下的餐食,所以坚持要鸡肉饭。于是这位乘务员回答他："没有就是没有了,你让我去哪儿给你找鸡肉饭。"

分析：

乘务员在碰到这种情况时确实会觉得委屈，由于航班餐食的配比不一样，各种口味的餐食数量也不是乘务员能控制的。但是面对旅客的要求，也应注意语言表达技巧，她可以说："先生，这是我们航空公司最新推出的特色餐食牛肉面，我非常推荐您尝尝，我相信您一定会喜欢的。"这样的语言表达可以使旅客听起来心里舒服许多，也不会那么轻易地排斥最后剩下的这个唯一选择了。

（五）应变能力（Flexible）

灵活的应变能力是指在复杂的、有压力的动态环境中找到应对的措施，灵活机动地处理问题的能力。乘务员的每一次飞行都有可能伴随着各种突发事情的发生。例如，旅客突然晕倒，机舱的某个厕所突然堵塞不能用，飞机厨房突然起浓烟，旅客非要找你要电话号码，等等。乘务员除了调节好自身情绪外，还要随机应变，能够迅速而灵活地做出正确地判断和处理，面对具体情况具体对待，有变通性、创造性，能在短时间内建立立体的思维模式。

灵活的应变能力同时也体现为一个人是否能够在同一时间处理好几件同时发生的事情。因为在客舱服务中，旅客的需求各不相同，需要根据旅客的不同需求和旅客的特点，以灵活的方式提供服务。例如，当一名乘务员正在客舱发餐，后排的旅客突然催促快点给自己倒杯咖啡，旁边的旅客又告诉乘务员他想要买免税品，而眼前的旅客又因为没有吃到鸡肉饭而向这名乘务员抱怨连连，这就非常考验乘务员的应变能力了（见图2-17）。

图2-17 灵活应变的乘务员

案例分享：

客舱里同时出现了以下几种情况，请问你会怎么依次处理：

（1）有位旅客投诉娱乐设施坏掉。
（2）有位旅客不舒服，晕机。
（3）婴儿哭闹。
（4）有位旅客流鼻血。
（5）有位旅客需要一杯咖啡。

分析：

遇到以上这些情况，你会怎么办？是不是已经手忙脚乱了？你需要立刻冷静，判断事件的轻重缓急顺序，再来灵活处理同时发生的突发状况。

首先，立刻照顾流鼻血的旅客，帮助他止血。因为流鼻血可能是因为身体其他问题引发的病症，如果血流不止，就要立刻告知机长。（关于旅客流鼻血如何应对的具体方法可参考本系列教材《民航客舱安全与管理》"机上急救"章节。）其次，照顾晕机的旅客，为他打开通风口并提供塑料袋、温水、毛毯、枕头等。然后，询问哭闹婴儿的母亲是否需要帮助。再次，为需要咖啡的旅客提供服务。最后，帮助旅客修理好娱乐设施。

这个案例的关键不在于是否一定严格按照某种顺序来处理，而在于是否能够根据旅客的需求和特点迅速做出判读，并提供处理方法。例如，如果晕机的旅客比流鼻血的旅客更加严重，当然可以先去服务晕机的旅客，或寻求同事的帮助并同时处理和照顾流鼻血的旅客。当5种状况同时出现在你面前时，也可以让不忙的同事帮忙处理最简单的状况，比如，为旅客提供咖啡和修理娱乐设施。这时你就有更多的时间为流鼻血、晕机和哭闹的婴儿服务了。根据事物的变化以及所处的不同环境或者事物发展的不同阶段采取不同的解决方法，就是灵活应变能力的体现。

（六）情绪控制能力（Emotion Control）

每个人面对工作和生活中的各种困难都会表现出各种各样的负面情绪，如何把握情绪，不将负面情绪带到工作中，这一点尤为重要。对于空中乘务员来说，每个人的心情不同，对工作的态度就会不同。例如，心情好时，人们会对工作充满热情，积极上进；相反，当人们受到外界因素的影响，如家庭矛盾、工作中与同事的摩擦等，而自己又不能快速的调节自己的心情时，就会把这种情绪带到工作中去，对旅客造成消极的影响。有时飞机延误，面对旅客不停地抱怨，乘务员容易控制不住自己的情绪，把烦躁、易怒的表情和态度显现出来，让旅客更加不满，进而用更坏的情绪影响旅客的配合程度。

情绪控制能力不佳常常体现在以下三个方面：
（1）将生活中的不良情绪带到工作当中。
（2）对机组的配合不满意，产生敌对情绪。
（3）对自身的工作能力过于自信，近乎狂妄。

因此，情绪控制能力应包括：其一，准确认识和表达自身情绪的能力。其二，有效地调节和管理情绪的能力。无论什么情况，乘务员都要保持冷静、平和的情绪，激动和消极情绪会直接影响飞行安全。

案例分享：

某次航班上，一名旅客问其中一位正在客舱巡视的乘务员，刚才飞过的那个山和那条河叫什么名字，乘务员回答"我也不知道"，旅客听了回答非常不高兴，嘀咕道："你都不知道，还来工作干吗？"乘务员听了很生气，完全无法控制自己的情绪，于是开始和旅客发生争执。

分析：

乘务员在听到旅客这个问题时，确实因为不知道而本能地回答旅客"我也不知道"，但是这确实也会让旅客产生情绪，以为乘务员不耐心，不想告诉他。其实乘务员可以说"先生/女士，这个问题我可以帮您问一下驾驶舱的机组人员，我稍后回答您好吗？"这样就不会让旅客产生不满情绪。而当旅客因为乘务员的回答而不高兴嘀咕时，乘务员也应该克制自己的情绪，不能把不满直接发泄到旅客身上。感觉自己已经无法控制住情绪时，要先冷静下来喝一口水，深呼吸，再走出客舱去应对。乘务员应该时刻认识到，每一个航班都会遇到形形色色的旅客，每个旅客都有不同的性格特点，如果处处都去计较和在意，那就没法好好去享受飞行工作带来的乐趣了。懂得控制自己的情绪，对自己高标准严要求，也是乘务员职业素养的体现。

（七）能够适应在压力下工作（Work Under the Pressure）

客舱服务是一种相对比较特殊的工作，对乘务员的心理素质具有较高的要求。乘务员在密闭的高空环境中工作，工作时间长，有时连续几天不着家，还要经常面对粗鲁无礼的旅客和飞行危机事件，这要求乘务员一定要具备强大的抗压力和良好的心理素质，这是客舱安全和提高服务质量的保障。

乘务员在工作中经常会遇到刁蛮的旅客，也会经常碰到突发状况、航班检查、旅客投诉、航班的延误等，这些都对乘务员的工作提出了挑战。如果没有良好的抗压力和主动调节的能力，以及及时缓解的渠道，就会影响客舱的安全和服务质量。

案例分享：

2012年，新西兰航空的某位空乘人员因为一次在航班上朝着同事大喊大叫并且吃了本来是给旅客的食物，被公司开除。和这位乘务员在一个航班上飞行的同事说，这位乘务员在航班飞行过程中，态度特别差，她本来负责机上厨房的工作，可是她事先没有在机上娱乐系统的显示屏上设置好食物订单，导致旅客抱怨食物缺乏。另外，她还把机上厨房弄得一团糟，餐车空着，也没有往餐车上补充茶水或者咖啡。一名旅客看到她在吃本来应该提供给旅客的馅饼，就提出了批评，可是这名乘务员却粗鲁地指责旅客在她吃馅饼时观察她。她还在航班上朝其他空乘人员大喊大叫，被告知不要再大喊大叫时，她却说："我没有大喊大叫，我本来嗓门就大"。

经过此事之后，这位乘务员向新西兰航空提供了一份医生开具的健康状况证明，声称工作场所给她造成了巨大的压力，使她无法控制自己的情绪。这个事件还闹上了新西兰的就业法庭，这位乘务员称她在服务该航班之前未得到适当的休息，她当时非常疲惫。

（来源：China Aviation Daily）

分析：

乘务员的工作确实存在一定的压力，特别是长途航班的飞行，会导致乘务员远离家庭，时差颠倒，休息不够，同时还要对机上旅客的安全保持警惕，以及始终面带微笑，这确实是困难的，但是这些因素并不能成为新西兰航空这位前乘务员行为恶劣的理由。乘务员必须要有良好的心理承受力去面对飞行工作带来的压力，去努力适应这种压力下工作的状态，并且端正自己的态度，及时调整自己的心态，才能更好地去迎接挑战。现在很多航空公司在招聘乘务员时都会特别关注面试者的抗压能力，有些航空公司的招聘还会专门设置心理测试环节以及和心理医生对话环节，以此来考察面试者是否有良好的心理素质以承受飞行工作可能带来的压力。

（八）组织能力（Organizing）

在飞机遇到紧急情况时，场面一定会非常混乱，有些旅客不听从乘务员的指令，按照自己的思想去行动，这时乘务员就必须转变角色，由服务角色转变成现场的指挥者。在转变过程中，乘务员的组织能力起着非常重要的作用。因为在这一关键时刻，乘务员是组织旅客撤离的实施者，是保证旅客安全的守卫者。所以，乘务员必须具备较强的组织能力，不仅要组织好旅客，控制旅客情绪，还要维持客舱内的秩序，让旅客按照指令有条不紊地撤离，这是把伤亡率降到最低的关键。

案例分享：

2016年8月3日北京时间下午16:45分，阿联酋航空EK521次航班由印度特里凡得琅国际机场出发，在抵达迪拜国际机场降落时发生事故。机上282名旅客和18名机组人员，没有一人在事故中遇难（见图2-18）。

图2-18 EK521航班爆炸之后

飞机迫降之后，乘务员开始有组织地紧急撤离旅客，只用了90秒钟就撤离完毕，随后飞机发生爆炸，机体全毁。与我们常听说的"机毁人亡"不同，飞机损坏程度与人员生还状况严重不成正比，堪称"奇迹"。90秒完成了300人的紧急撤离，而且无人伤亡，在这个救援过程中，乘务员起了极其关键的作用。这不仅体现了阿联酋航空乘务员训练有素的专业技能，同时也展现了他们在紧急情况下的组织能力。18名机组人员要组织282名旅客在90秒钟内撤离飞机，如果没有强大的组织能力和团队协作能力，一定无法控制飞机发生事故迫降之后混乱的场面。

（九）互相尊重（Respect）

不管乘坐飞机的是大人物还是普通人，他们都有自己的自尊和体面，对尊重的渴望都是一样的。当乘务员表现出对他们的足够尊重，也会得到出乎意料的回报。互相尊重除了指要尊重旅客以外，乘务员之间也要互相尊重。一个机组里的乘务员基本都来自不同地方，有的时候甚至还有外籍乘务员。我们有时会看到，两个来自同一个城市的乘务员在航班中用家乡话交流，这会让旁边听不懂方言的乘务员感到一种排斥感。其实这种行为表现就是不尊重对方。

（十）文化修养（Culture Knowledge）

文化是一个人思想意识、行为举止、道德风范以及价值观念的根基。文化修养决定着人的品位、思维方式、内在气质以及合作意识，有利于塑造高雅的气质和亲和力，提高自身的修养，同时深厚的文化底蕴有利于专业知识的提升和职业生涯的延续。

每个乘务员所受的教育和经历不同，乘务员之间的文化修养也参差不齐。在客舱服务中，有时候会看到因为乘务员自身文化修养不足导致旅客对服务不满。例如，航班上，乘务员问一名穿着阿拉伯传统服饰的旅客要猪肉饭还是牛肉饭，导致旅客非常生气，觉得乘务员不尊重他的宗教信仰。

这是因为乘务员自身的文化修养不高，对文化没有敏感度和对待事件采取机械的方式导致的，如果这位乘务员所受的教育能使他认识到穆斯林文化以及阿拉伯旅客的习俗，那一件本来可以不用发生的小事件就不会上升到宗教信仰问题了。所以，提高乘务员的文化修养，特别是学习和了解不同的文化在旅客中表现的特性，有助于我们赢得旅客对我们的理解和信任。乘务员的工作不只是端茶倒水，客舱的工作涉及方方面面，比如旅游知识、航线知识、心理学知识、礼仪知识、生活常识、文化习俗、特长爱好，等等。

（十一）良好的身体素质（Good Physical Quality）

乘务员整日在密闭的机舱环境工作，既要承受高压、辐射、高噪声、干燥、晕机、颠簸等外在环境带来的影响，还要承受黑白颠倒的不规律的生活作息。因此，飞行工作会给乘务员造成颈肩腰椎和睡眠问题等职业病。所以，乘务员必须要有良好的身体素质，才能以更好的面貌和精神状态面对旅客。

首先建议乘务员在平时的休息时间里加强锻炼和运动，如进行跑步、瑜伽、步行等锻炼或者开展户外互动，这样可以增强乘务员的身体素质，释放工作压力。

其次，要进行营养的膳食搭配。乘务员在工作中基本不能保证可以按时用餐，而且通常在飞行时也是吃飞机上的机组餐。所以，乘务员在生活中更要加强合理的膳食搭配，多吃绿色的有营养和能量的食物；少吃膨化食品，少喝碳酸饮料及少吸烟饮酒。

三、行业观点

影响客舱服务质量的因素不外乎是服务中的硬件和软件。服务中的硬件简单来说就是客舱环境、设备与餐食质量等旅客看得到、用得着的东西，而服务中的软件则是指乘务人员的服务态度、沟通技巧与服务技能等旅客听得到、感受得到的东西。

如何提高服务质量呢？乘务员是最主动、最积极的因素，乘务员的能力与素质、技能的高低对服务的质量起着决定作用。对于提高服务质量，现总结为"六个一点"，即微笑多一点、理由少一点、效率高一点、工作细一点、行动快一点、服务实一点。

（1）微笑多一点。微笑对于乘务员来说是最基本的职业要求，发自内心的微笑能让旅客感受到服务的热诚。怎样才算发自内心的微笑？眼睛是心灵的窗户。曾有旅客表示，眼睛在笑，才是真的在笑。以微笑为起点，乘务员将更有信心地坚持温馨服务。一位乘务员所提供的各种服务，只有在微笑的前提下才能发挥作用，在微笑中才能创造更好的服务氛围。

（2）理由少一点。由于服务工作是与旅客打交道，难免会遇到各种问题和困难，有人为因素，也有外部或不可控因素，因此，作为乘务员，应具备敬业精神、团队意识和独立能力，而不是以千百个理由去解释、推脱。一般情况下，乘务员遇到最多的问题是航班延误、旅客投诉，这就要求乘务员具备良好的心理素质和百问不厌的态度，充分理解对方的心情，要豁达、大度、宽容，要谅解旅客的一时冲动，学会换位思考。

（3）效率高一点。乘务员不仅要有端庄的仪表和美好的心灵，同时要有较高的文化修养。良好的沟通来自丰富的知识，这就要求乘务员掌握诸如地理、历史、语言、心理、健康等多学科知识。闲暇时可以多看些杂志、书籍，丰富自己，同时这也是丰富自己的工作阅历，用文化的内涵为旅客服务。如此，服务旅客的效率将大大提高，而不仅仅停留在端茶倒水上。

（4）工作细一点。在与旅客的言谈中，不论是作为言者还是听者，交谈时都必须保持精神饱满，表情自然大方、和颜悦色，目光温和，正视对方。在遇到特殊事情，如航班延误，面对旅客的尖刻语言，对服务工作的百般挑剔，甚至无理取闹，乘务员一定要克制自己的情绪，根据不同的旅客采取不同的对待方式，与乘务组保持良好的合作，机智灵活地妥善处理问题。

（5）行动快一点。没有永远刁蛮的旅客，只有不周到的服务。在旅客提出需要服务用品时,无论此时多忙,请用心记住哪一排哪一位旅客,并在语言上、语气上给旅客以足够的重视。在服务用品较少而旅客需求量较大的情况下,"已经没有了、发完了"会让旅客感到他损失了基本利益而非常不满,不如这样说:"不好意思女士(或男士),机上有这么多老人、孩子,我先帮您把通风口关掉吧,要不帮您倒杯热水?我会请机组将温度调高……"

(6)服务务实一点。乘务员是第一个听到旅客抱怨的人,由此,乘务人员做出的任何反应都直接影响旅客接下来的态度和决定。因此,如何解决问题,服务更务实一点,十分重要。多深入地思考、分析一下"为什么"。在面对旅客时,服务人员即代表航空公司,应有大局意识,在回答问题时,防止推卸责任,要以积极的态度有效回应,注意为旅客提供多种选择和服务。

(来源:民航资源网 2016 – 03 – 30)

知识拓展:

航空公司招聘的基本条件

国内外不同的航空公司对乘务员的招聘条件都有一定的差别,但是招聘的基本条件大致是相同的。

一、国内航空

1. 教育背景

全日制普通高等院校大专及以上学历。

2. 语言

(1)外语口语标准:有一定的英语学习基础,口语较流利,日常交流基本无障碍。

(2)普通话口语标准:要求声韵母发音清楚,方言语调不明显。

3. 形象

(1)女:五官端正,面容姣好,气质佳。

(2)男:五官端正,体格健康(需兼职安全员,体能测试成绩须合格及以上,双眼裸眼视力或手术后矫正双眼裸眼视力应达到C字表0.7及以上)。

4. 身高标准

(1)女:165cm(含)~175cm(含)。

(2)男:173cm(含)~184cm(含)。

5. 体重标准(kg)

(1)女:[身高(cm)-110]×90%~[身高(cm)-110]。

(2)男:[身高(cm)-105]×90%~[身高(cm)-105]。

二、国外航空

(1)年龄21周岁以上,某些航空公司年龄放宽至18周岁以上。

(2)身高不低于158cm;踮足双手摸高至212cm。

(3)高中(或等同高中)毕业或以上学历。

（4）流利的英文书写能力及口语表达能力。

（5）皮肤状态良好。

三、面试部分常见问题

（1）为什么要报考我们航空公司？你对我们公司有什么了解？

（2）为什么想要成为一名空中乘务员？你是如何理解这个职业的？

（3）你认为作为一名空中乘务员最大的挑战是什么？

（4）你是如何理解客舱服务的？

（5）你的缺点和优点是什么？

（6）你的父母对你想成为一名空中乘务员有什么看法？

（7）你面对压力时会怎么办？

（8）告诉我们一件你处理过的很困难的事，你觉得这件事对你以后成为一名空中乘务员有什么影响？

（9）如果我们雇用了你，你将如何成为一名优秀的空中乘务员？

（10）你的兴趣爱好是什么？

（11）你有任何问题要问我们吗？

四、英语常见问题

（1）Please give me a self – introduction.

（2）What is the weather today?

（3）What are your favorite hobbies?

（4）Please talk about your family.

（5）Is this your first time to interview ×× airline?

（6）Why do you want to choose ×× airline?

（7）Why do you want to be a cabin crew member?

（8）What is your greatest shortage/advantage?

（9）How do you think you would fit into our airline?

（10）How long do you want to work with us if you got hired?

练习题

1. 谈谈你对空中乘务员这个职业的认识。

2. 你觉得作为一名空中乘务员应该具备什么样的素质？哪些不好的素质是乘务员不应该有的？

3. 你身上具备的哪些优点符合空中乘务员的职业素养？

第三章　客舱服务内容

1. 了解并掌握迎送旅客的主要工作流程及服务要点。
2. 了解并掌握两舱迎送旅客的相关注意事项。
3. 了解餐饮服务的意义及服务要点。
4. 了解特殊餐食代码及服务标准。

第一节　迎送旅客服务

一、迎接旅客

(一) 首轮效应

首轮效应探讨的主要是一个人或一个单位留给他人的客观印象是如何形成的问题。首轮效应理论的核心在于：人们在日常生活中初次接触某人、某物、某事时所产生的即刻的印象，通常会在对该人、该物、该事的认知方面发挥明显的、甚至是举足轻重的作用。就人际交往而言，这种认知往往直接制约着交往双方的关系。

一般情况下，人们对交往对象的第一印象往往是基于对方在与自己相逢之初的具体表现，以及自己根据以往的生活经验对其进行的即刻判断。这种判断并不需要进行理性思考和逻辑判断，因而是非理性的。这种非理性产生的第一印象一旦形成，就会在人的头脑中占据主导地位，而且不会轻易改变。对于个人而言，直接影响外界对他的第一印象的制约因素主要有：仪容、仪态、服饰、语言、态度、环境等。

迎客阶段是乘务员与旅客在整个航程中的第一次接触，此时应充分利用首轮效应，乘务员标准的站姿、耐心的引导、和蔼的目光、甜美的微笑、亲切的称呼、真诚的问候、虔诚的鞠躬，可以综合体现出乘务员的素质和修养，体现出航空公司对每一位旅客的尊重和热情。做好迎客阶段的各项服务工作，营造良好的服务氛围，是代表航空公司、乘务组对本次航班的全体旅客表示欢迎，保证航班服务质量，提高旅客满意度的重要途径。

（二）迎客前准备

（1）乘务员自身形象检查：检查个人仪容仪表，制服干净整洁、挺括、无破损，扣子齐全，全部扣好；头发干净整齐，没有碎发；口气清新，颈部、手部干净；妆容色彩与制服色泽和谐，如有脱妆，要及时补妆。

（2）客舱检查：旅客登机前确保客舱干净整洁，清舱到位，无与飞行无关的物品。

（3）灯光调节：窗灯和顶灯均设定在"BRIGHT"位，灯光调节要及时、准确。

（4）客舱温度：一般保持在22～24℃。

（5）登机音乐：根据各航空公司规定播放指定登机音乐，音量适中，以不影响旅客交谈为宜。

（6）迎候旅客：乘务员应站在指定区域，站姿端庄，面带微笑，恭候旅客登机。迎客时，身体不得倚靠在座椅靠背、舱门或客舱壁板上，避免给旅客带来工作随意等不良印象（见图3－1、图3－2）。

图3－1　乘务员登机口迎客

图3－2　乘务员客舱迎客

以 A319 机型迎客位置为例（各航空公司略有不同）

①PSI 前登机门。

②FS2 商务舱第 2 排右侧座位处。

③SS3 普通舱第 4 排右侧座位处。

④SS4 普通舱 17 排右侧座位处。

（7）两舱服务：指为头等舱和公务舱服务。

①预先了解旅客信息：乘务员根据地面服务人员提供的旅客信息单，记录两舱旅客的姓名、职务、座位号等信息，以便为两舱旅客提供"姓氏服务"或"职务称呼服务"，并准确引导旅客入座，凸显亲切个性的服务理念，表达对旅客的尊敬之意。

②预先湿润毛巾：根据季节不同准备不同温度的水浸湿毛巾，干湿程度以挤压不出水为宜，整齐美观的码放，用锡纸包裹放入烤箱或冰箱进行保温。

③报纸：为旅客预先准备好成套的报纸，一般以 3~5 种报纸为宜，每套报纸种类一致，叠成扇形，可插于旅客前排坐椅口袋，也可以成套递送给旅客。

④拖鞋：根据各航空公司要求，可预先插于前排座椅口袋，也可待旅客上机后逐一递送。

⑤准备饮料：根据各航空公司要求准备迎宾饮料；两舱服务中通常使用玻璃杯，确保杯子内外干净，完好无破损；一般饮料倒至 7 成满。

⑥整理衣帽间：保持衣帽间干净整洁，准备好挂衣架和衣物标识牌。

（8）金/银会员卡旅客（常旅客）服务。

①预先了解旅客信息：乘务员根据地面服务人员提供的旅客信息单，记录金/银会员卡旅客的姓名、职务、座位号等信息，以便为金/银会员卡旅客提供"姓氏服务"或"职务称呼服务"，并准确引导旅客入座，凸显亲切个性的服务理念，表达对旅客的尊敬。

②报纸：为旅客预先准备好成套的报纸，一般以 3~5 种报纸为宜，每套报纸种类一致，叠成扇形，金银会员卡旅客登机后成套递送给旅客。

③矿泉水：提前准备好温度适宜的矿泉水，待金/银会员卡旅客登机后立即提供。

④毛毯、靠枕：预留一定数量的毛毯靠枕，根据金/银会员卡旅客需要提供。

（三）迎接客人

1. 迎客姿势

乘务员站立姿势端正，面带微笑，目光亲切注视旅客，鞠躬致意，主动问候，并注意配合眼神及身体姿态，问候时注意与旅客保持适当的距离（见图 3-3）。

（1）旅客进入舱门时，要热情主动地问候每一位旅客："您好，欢迎乘坐本次航班！"／"早上（中午、下午、晚上）好！"／"您好，欢迎登机！"／"您好，请往里走。"

（2）目光注视旅客，中腰前倾 15 度，后背、颈部挺直。

（3）面带微笑，目光略下垂，表示欢迎之意。

（4）礼毕起身，仍然面带微笑，目光礼貌地注视旅客，并主动引导旅客尽快入座。

图 3-3 乘务员进行迎客训练

知识拓展：

鞠躬

鞠躬，在日常生活中是不可缺少的，特别是在亚洲地区，中国、日本、朝鲜都广泛使用。鞠躬被视为一个人的态度，头低得越深，腰弯得程度越大，表示你的诚意越深，尊重的程度越高。航空公司要求乘务员在迎送旅客时行鞠躬礼，以表示欢迎与尊重。这是职业的需要，希望认真学习，并能熟练掌握。

空间距离

心理学家发现，任何一个人都需要在自己周围有一个自己能够把握的自我空间，这个空间的大小会因不同的文化背景、环境、行业、不同个性等而不同。不同的民族在谈话时，对双方保持多大距离有不同的看法。根据霍尔博士（美国人类学家）的研究，有四种距离表示不同情况：

（1）亲密接触（intimate distance 0~45cm）。交谈双方关系密切，身体的距离从直接接触到相距约 45cm，这种距离适于双方关系最为密切的场合，比如夫妻及情人之间。

（2）私人距离（personal distance 45~120cm）。朋友、熟人或亲戚之间往来一般以这个距离为宜。

（3）礼貌距离（social distance 120~360cm）。用于处理非个人事物的场合中，如进行一般社交活动，或在办公，办理事情时。

（4）一般距离（public distance 360~750cm）适用于非正式的聚会，如在公共场听演出等。

2. 基本要求

（1）动作舒展自然，需要配合面部表情、轻松的微笑及礼貌用语。

（2）任何时候，手势都不要幅度过大或者过猛，以轻巧明确为好。

（3）引导旅客向前或入座等手势，示意时，要做到"手到、眼到、说到"方能有效。

（4）节奏缓和，协调柔美，气质优雅。

3. 引导手势训练

（1）女乘务员：

①在标准站姿基础上，面向旅客45度，"双手腹前握指式"站立。

②抬起大臂与小臂135度伸开，与身体成一个夹角。

③五指并拢伸直，手心向上与水平面呈45度夹角。

④身体略微前倾，另一只手臂自然下垂或置于腹前。

（2）男乘务员：

①在标准站姿的基础上，面向旅客45度，双手交叉相握站立。

②抬起大臂，与小臂135度伸开，与身体成一个夹角。

③五指并拢伸直，手心向上与水平面星45度夹角。

④身体略微前倾，另一只手臂五指并拢，中指对准裤缝，拇指内收于手心，虎口向前或置于腹前。

4. 核对人数

一些航空公司或某些特定航班要求乘务员对旅客人数进行清点；一些航空公司不需要清点，而是利用离港系统计算人数。

（1）乘务员利用计数器对飞机上旅客进行清点。

（2）确保旅客人数与舱单人数一致，同时注意旅客对号入座，保证飞机配载平衡。

（3）如出现人数不符，立即重新核对，避免航班延误。

知识拓展：

配载平衡

航空器在飞行规程中同时受到地球引力及由机翼产生的向上的升力的影响，前者的大小取决于航空器的重量，后者的大小则取决于机翼的外形及航空器的速度等。由于航空器的机翼形状及发动机功率等都是相对固定的，所以航空器所能得到的向上的升力也是有限的。因此，要保证飞行，必须对航空器的重量做出限制，而限制航空器的重量其实也是限制航空器的业载值。由此可见，业载的计算无疑是保障飞行安全的极为重要的步骤。因此，只有计算出每个航班的最大许可业载，才能对其计划载运的旅客、货物、邮件等做合理的安排。

5. 紧急出口座位旅客确认

紧急出口的旅客登机后，要及时向其介绍紧急出口，并监控紧急出口处，不能就坐特殊旅客。

（1）不能坐在紧急出口的旅客。

①该人的两臂、双手和两臂缺乏足够的运动能力、体力或灵活性；

②不能握住并推、拉、转动操纵机构；

③无能力打开紧急出口；

④该人不到15岁，无人陪伴；

⑤缺乏阅读、理解及语言能力；

⑥视觉不佳者；

⑦缺乏听觉能力；

⑧缺乏口头传达能力；

⑨不愿意或无能力遵守出口座位规定者。

在紧急出口旅客入座后，航空公司空乘人员第一时间会对旅客进行评估，评估分为目视评估和口头评估两种。目视评估是看旅客是否适合坐在这里，是否年满15岁，双手和双臂是否有足够的运动能力，是否兼具体力和灵活性，视力、听力、口头传达能力如何。口头评估是为旅客介绍紧急出口座位的特殊性，介绍应急门及其打开方法，告知旅客紧急情况下的职责，正常情况下千万不要触碰舱门，尤其是红色把手，引导其阅读紧急出口座位旅客须知和安全须知，最后观察其是否具备良好的阅读理解能力。

如果旅客无法满足须知内所列条例，即使旅客登机之后坐在这个座位，乘务员也会进行二次调换。另外，在旅客身体不适或者不能有效听从乘务人员指导或沟通的情况下，也会进行二次调换。

（2）乘坐紧急出口座位的责任。

飞机上设置"紧急出口"是为了保障全体旅客的生命安全，坐在这个位置的旅客，在享受宽敞座位的同时，也要承担起"守护者"的责任。

在飞行和降落过程中，如果发生意外事故，在机长发出指令疏散旅客时，坐在紧急出口的人应该协助空乘人员，打开紧急出口舱门，放置好逃生滑梯或气垫，协助其他旅客逃生。

在紧急情况下，紧急出口座位的旅客要充当乘务员的援助者，在乘务员打开应急门之后要帮助乘务员拦住客舱涌来的旅客直到滑梯完全充气，以免充气不足，撤离时对旅客造成伤害。滑梯完全充气后，在陆上撤离时，一名援助者要先滑下飞机，指挥旅客往风上侧远离飞机100米以上处撤离，其余援助者应站在应急门旁帮助乘务员指挥旅客脱下高跟鞋，有秩序地跳下滑梯。水上撤离时，一名援助者要先从滑梯登上救生船，指挥旅客不要在救生船内站立，均匀分布在船内，其他援助者帮助乘务员指挥旅客脱下鞋子，有秩序地从这里登船。当然，紧急情况下，乘务员也有可能受伤，如果乘务员受伤不能开门，这时援助者就要负责打开应急门，并在开门之前观察机外情况，如果有烟、火、障碍物，或者机外水位过高等任何一种情况，则这个门不能开启，要指挥旅客从最近的门撤离。等到旅客成功撤离完毕后，不要忘记把受伤的乘务员也带下飞机。

6. 乘务员主动引导旅客尽快找到座位，安放好行李，并保持客舱通道畅通

（1）尽快疏通过道。为了尽可能地缩短旅客登机所消耗的时间，乘务员要时刻注意过道上的旅客，在第一时间找到堵塞点并进行疏导，对于旅客的配合，要及时表示感谢。

（2）尽快引导旅客入座。通过标准到位的指引手势，用亲切的话语提示旅客："座位号在您头顶上方行李架的边缘处"，确保旅客准确快速入座。

参考服务用语：

（1）我能看一下您的登机牌吗？
（2）您的座位在……请坐。
（3）这里是××排，A，L是靠窗座位，C，J是靠通道座位。
（4）我帮您拿行李吧！
（5）我带您到座位上好吗？请跟我来。
（6）这位旅客的座位是××排，麻烦你带他过去（前、后舱的乘务员在进行服务交接时）。

（3）旅客手提行李不得放置在过道、出口及没有固定装置的隔间。在这个过程中，乘务员可能会向旅客提出各种予以配合的请求，要特别注意语言技巧。

参考服务用语：

（1）麻烦您站到座位（通道）里面，把通道让出来好吗？
（2）麻烦您把包转个方向放好吗？这样行李架上还可以再放下一件行李。
（3）您的这件行李是不是怕碰？如果方便的话，不妨放到座位下面，这样就不怕被别人的行李碰到了。
（4）您的这件行李超大、超宽了，行李架上确实放不下，而且不安全。地面工作人员可以在舱门口为您办理行李托运手续，您下飞机后可以在行李领取处领取。我协助您把行李拿到前登机门，好不好？
（5）我帮您拿行李吧！

7. 两舱迎客服务

（1）两舱旅客登机：乘务员应主动上前迎接，协助提拿摆放行李，根据旅客的登机牌和预先查到的信息，快速准确引导旅客入座，同时使用"姓氏服务"。

（2）存放衣物：如有旅客要求存放衣服，乘务员应确认是否有污损，同时提醒旅客贵重物品自行保管，使用标识牌做好记录，并妥善保管。

（3）湿毛巾服务：根据季节选用冷、热湿毛巾，将毛巾放于白瓷盘或毛巾篮中（毛巾数量要多于两舱旅客人数）；提供时四指并拢托住白瓷盘或毛巾篮底部，拇指放于瓷盘或毛巾篮边缘处；将瓷盘或毛巾篮平放于小腹部位，不要贴紧身体；上臂下垂，大小臂夹紧，递送时需要用毛巾夹，根据旅客需要及时收回。

（4）迎宾饮料：一般选取两至三种饮料，将饮料放于托盘上，饮料的杯数多于两舱旅客人数；提供时四指并拢置于托盘底，拇指放于托盘边缘；托盘平放于小腹部位，不要贴紧身体；臂下垂，大小臂夹紧；征询旅客需要选择何种饮料，然后摆上杯垫，将饮料杯放置于杯垫上，递送饮料时应拿杯身的下 1/3 处，不可拿杯口；根据旅客需要在飞机起飞前及时收回。

（5）报纸服务：将报纸摆成扇形放于左臂上，右手轻扶报纸边缘；到达旅客面前，面带微笑，标准站姿，递送给旅客；根据光线情况，为旅客打开阅读灯。

（6）提供拖鞋：主动询问旅客是否需要更换拖鞋，帮其打开拖鞋包装并递于手中或摆放至合适位置，将旅客换下的鞋子妥善放置。

（7）提供被子：根据客舱温度为旅客提供被子，将被头折叠，航徽露在外面，盖于旅客小腹上部的位置。

二、送别旅客

（一）末轮效应

末轮效应是相对于首轮效应而言的，强调服务结尾的完美和完善，即要"功德圆满"。在人际交往之中，人们留给交往对象的最后的印象通常也是非常重要的。在许多情况下，它往往是一个单位或某个人所留给交往对象的整体印象的重要组成部分。有时，它甚至直接决定着该单位或个人的整体形象是否完美，以及完美的整体形象能否继续得以维持。末轮效应理论的核心思想，是要求人们在塑造单位或个人整体形象时，必须有始有终，始终如一。

应该说，末轮效应在许多情况下做好的难度更大。在旅客登机时，乘务员大都会表现出异乎寻常的热情，而在旅客下机时，这种热情就明显减少了，表现为服务态度明显变化，服务效果明显走样，服务质量明显降低，一热一冷的强烈反差使旅客对机上服务留下的美好记忆支离破碎。因此，乘务员应充分利用末轮效应，在送别旅客时以完美的形象、专业的态度、优质的服务加深旅客对本次航班的美好印象，做到有始有终，为本次航班画上完美的句号。

（二）送别旅客的具体要求

（1）当飞机到达指定停机位完全停稳后，安全带信号灯熄灭，乘务员按照程序打开舱门。

（2）调亮客舱灯光。

（3）播放下机视频或下机音乐。

（4）及时归还衣物，并做好必要的确认工作。

（5）乘务员站在指定位置，站姿标准，面带微笑送别旅客。

一般情况下，两舱旅客先下飞机，乘务员应使用"姓氏服务"表示感谢并与旅客道别；提醒旅客不要遗漏随身物品；主动询问特殊旅客是否需要帮助，根据需要联系地面人员。

（6）清理客舱。旅客全部下机后，乘务员全面检查客舱是否有旅客遗留物品，并报告乘务长，如有遗留物品，及时交还旅客，或与地面人员做好交接工作。

练习题

1. 简述两舱服务流程与技巧。
2. 进行紧急通道旅客疏散训练。
3. 进行迎送旅客小组训练。

第二节　广播服务

一、广播服务的内容与要求

客舱广播要用普通话、英语两种以上语言，广播内容应有导向性，播音应清晰、准确。同时要注意语气语调、重音节奏，声音要自然，吐字要清晰。客舱广播绝大多数情况用的是亲切温馨的语感。遇到非正常情况时，要具体问题具体分析。

客舱广播有相关的具体要求。在客舱内放录像期间，不得广播（与安全有关的内容除外）。飞行中，当大多数旅客休息时，尽量减少广播或缩短广播内容。播放安全须知录像前，要播放广播欢迎词，起飞5分钟后开始介绍航线。有娱乐设备的机型，广播完航线及服务介绍后接着播放娱乐节目，飞机着陆前20分钟进行着陆前广播，乘务员进行客舱安全检查，如果航班因延误起飞而导致落地时间晚15分钟以上，视延误原因，在着陆广播时要加上一段因延误致歉广播。飞行途中如遇有特殊情况（如延误、颠簸、有患病旅客等），应做相应广播。延误期间要及时广播，通知旅客有关信息。

飞行途中，乘务员要主动介绍客舱设备、沿途风景名胜、飞行航线、飞行时间、服务内容、供餐时间等。

二、广播服务的重要性

客舱广播是指在服务过程中，乘务员借助一定的词汇、语气、语调、身体语言表达思想、感情、意愿，与旅客进行交流的一种比较规范、并能反映一定文明程度而又比较灵活的沟通方式。其内容主要涉及飞机结构、航空概况、航空地理、旅游景点介绍、空中服务等几个方面。其特点主要有柔和、清晰、纯正、言简意赅四个方面。

在空中合理的运用语言向旅客传达信息，除了有表情达意的功能外，还能起到消除误会、拉近距离、增进了解的作用。客舱广播质量的优劣是体现空中服务水平高低的重要组成部分，直接影响着旅客的乘机感受和客舱服务的品牌形象。任何轻浮不端的行为以及我行我素的行为，都有可能导致广播的失败，所以广播员需要提升自身各方面的素质，如果因为不良的播音失去了旅客的信任，那将会给航空公司带来不可弥补的损失。

三、广播服务的类型

客舱广播是按照时间、服务顺序、安全管理程序等安排播出的，在即将进行的通知及服务前完成。播音时要做到播出时层次结构清晰、条理清楚，必须从具体的服务和安全管理人手，进行深入细致的分析。播音词稿件大体上采用短小精炼的写法，内容简洁、精炼、准确，篇幅短小，层次清晰。

客舱广播大体可以分为服务广播和安全广播两种形式。服务广播主要是通过广播让旅客了解此次航班的航程、时间，途径的省市和山脉、河流，及其他服务项目等。安全广播主要是正常的安全检查，在飞机起飞和落地前都会广播提醒旅客，以及特殊情况和突发事件的应对等。根据对应的格式，选择或确定其可变要素（如航班号、登机口号、飞机机号、电话号码、时间、延误原因、航班性质等）与不变要素共同组成具体的广播用语。

广播用语的一般规定有：广播用语必须准确、规范，采用统一的专业术语，语句通顺易懂，避免发生混淆；广播用语的类型应根据机场有关业务要求来划分，以播音的目的和性质来区分；各类广播用语应准确表达主题，规范使用格式。广播用语以汉语和英语为主，同一内容应使用普通话和英语对应播音。在需要其他外语语种播音的特殊情况下，广播用语汉语部分进行编译。航班信息类播音是候机楼广播中最重要的部分，用语要求表达准确、逻辑严密、主题清晰。客舱广播是空中乘务员内在修养、心态素质的外化，客舱播音最主要不是方法、技巧，而是一个人的综合素养和能力。

四、广播词训练

（一）起飞前

1. 引导入座广播

（预录广播，如人工广播，建议时机为通道堵塞时，建议广播时长为 60 秒）

各位女士、各位先生：

你们好！

欢迎您选乘××，请您对照手中登机牌上的号码对号入座，您的座位号位于行李架边缘或下方，大件行李可以放在行李架上，水果及小件物品建议您放在前排座椅下面。在安放行李的同时，请您侧身以便其他旅客顺利通过。

谢谢！

Baggage Arrangement

Ladies and gentlemen,

Welcome aboard. Please take your seat according to your seat number. Your seat number is on the edge of the rack. Please make sure your hand baggage is stored in the overhead locker. Any small articles can be put under the seat in front of you.

Please take your seat as soon as possible to keep the aisle clear for others to go through. Thank you!

2. 确认航班信息广播

（广播时机：旅客即将登机完毕，建议广播时长为60秒）

各位女士、各位先生：

欢迎您搭乘××班机，本次航班由××飞往，飞行时间为××小时××分钟。

［飞机抵达后，将停靠在××号航站楼］

谢谢！

Re – checking of Boarding Pass

Good morning（afternoon/evening）ladies and gentlemen,

Welcome aboard flight ×× from ×× to ××. The flight time is about ×× hour（s）and ×× minutes.

［We will be arriving at ×× Terminal Airport］

Thank you!

3. 关闭舱门广播

女士们，先生们：

早上/下午好！欢迎您选乘××航班前往××。现在机门已经关闭，根据民航法规定，为了避免干扰驾驶舱的飞行系统，请您现在关闭手机和其他便携式电子设备，并全程禁止吸烟。

现在客舱乘务员进行安全检查，请您在自己的座位上坐好，系好安全带，调直座椅靠背，扣好小桌板，拉开遮光板，通道上及紧急出口处禁止堆放行李。

祝愿您旅途愉快！谢谢！

Good morning（afternoon/evening）ladies and gentlemen,

Welcome aboard fight ×× to ××. Please note that mobile phone including and other portable electronic devices can cause interference with our flight systems. According to the CAAC regulations they must now be switched off.

Ladies and gentlemen,

Flight attendant will start safety checks. Please be seated and fasten your seatbelt. Seat backs and tables should be returned to the upright position. Please draws open the sun – shading boards and keep the aisle and the exits clear of baggage.

Have fun in trip, Thank you!

4. 安全示范广播

Security Demonstration

现在，乘务员将为您介绍（救生衣）氧气面罩、安全带的使用方法和紧急出口的位置，请注意我们的示范和说明。

We will show you the use of (life vest) oxygen mask, seatbelt, and the location of the emergency exits.

［延伸跨水飞行时广播］

救生衣在您座椅下面的口袋里。使用时取出，经头部穿好。将带子扣好系紧。您可以拉动充气阀门将救生衣充气，但在客舱内请不要充气。充气不足时，请将救生衣上部的两个人工充气管拉出，用嘴向里充气。

Your life vest is located under your seat. To put the vest on, slip it over your head. Then fasten the buckles and the straps tightly around your waist. Please don't inflate while in the cabin. You can pull the tabs down firmly to inflate before evacuation. If your vest needs further inflation, blow into the tubes on either side of your vest.

氧气面罩储藏在您头顶上方的壁板里，当发生紧急情况时，面罩会自动脱出，请您用力向下拉面罩，然后将面罩罩在口鼻处，把带子套在头上就可以正常呼吸。

Your oxygen mask is stored in the compartment above your head, and it will drop automatically in case of emergency. When the mask drops, pull it towards you to cover your mouth and nose, and slip the elastic band over your head, and then breathe normally.

每位旅客座椅上都有一条可以对扣起来的安全带，请您将安全带扣好并确认。如需要解开，只需将金属扣向外打开即可。您可以根据需要自行调节长度。

Each chair has a seat belt that must be fastened when you are seated. Please keep your seat belt securely fastened during the whole flight. If needed, you may release the seat belt by pulling the flap forward. You can adjust it as necessary.

［B737/A319］本架飞机客舱内共有8（6）个紧急出口，前舱2个，后舱2个，中间4（2）个。

［B767/A330/A340］本架飞机客舱内共有8（10）个紧急出口，分别位于客舱的前部、后部和中部。

请不要随意拉动紧急出口的手柄。客舱通道及出口处都设有紧急照明装置，紧急情况下请按指示路线撤离飞机。《安全须知》在您前排座椅背后的口袋里，请您在起飞前仔细阅读。

谢谢！

［B737/A319］There are eight (six) emergency exits. Two in the front of the cabin, two in the rear four (two) in the middle.

［B767/A330/A340］There are eight (ten) emergency exits located at the forward, rear and middle.

The lights located on the floor will guide you to the exits if an emergency arises. For further information, please refer to the safety instruction in the seat pocket in front of you.

Thank you!

5. 关门后等待起飞广播

(广播时机：关舱门后等待时广播，建议广播时长为30秒)

各位女士、各位先生：

由于××的原因，我们正在等待起飞，请您稍加休息。如果您有任何需要，我们很乐意为您提供服务。

谢谢！

【航空交通管制/航路军事禁航/机场跑道繁忙/机械故障/天气/装货/行李装载/飞机除冰/跑道除冰】

Wait For Order from ATC

Ladies and gentlemen,

Due to ×× we are now waiting for departure, please remain seated and wait for a moment. If there is anything we can do for you, please let us know.

【air traffic control/the military ban along the route/the busy runway/mechanical trouble/weather conditions/loading of cargo/loading/deicing of the aircraft/deicing of the runway】

Thank you!

6. 等待后再次安检广播

(广播时机：飞机推出后广播，建议广播时长为40秒)

各位女士、各位先生：

我们的飞机很快就要起飞了，为了您的安全，请您检查手机电源已经关闭，并请系好安全带，收起小桌板（脚踏板），调直座椅靠背，打开遮光板。

谢谢！

Re-checking of Security Broadcast

Ladies and gentlemen,

We will take off shortly. Please turn off your mobile phones and fasten your seatbelts, ensure that your tables and seat backs are in an upright position and open the window shades.

Thank you!

7. 起飞前再次确认广播

(广播时机：乘务员安检完毕后，建议广播时长为20秒)

各位女士、各位先生：

飞机即将起飞，为了您的安全，请确认安全带已经扣好，手机电源已经关闭。

谢谢！

Secure Broadcast

Ladies and gentlemen,

We will take off shortly. Please make sure that your seatbelts are securely fastened and keep your mobile phones powered off.

Thank you!

8. 针对空调制冷效果不佳的安抚广播

(预录广播,如人工广播,建议广播时机为地面客舱温度较高时,建议广播时长为40秒)

各位女士、各位先生:

由于本架飞机在地面停留期间空调制冷效果不太理想,造成目前客舱温度较高,对于给您带来的不适,我们深表歉意,这种情况在飞机起飞后会很快缓解。

谢谢!

Air Condition Problem

Ladies and gentlemen,

We are now waiting for departure, you may feel a little bit hot now because the air conditioning system doesn't work well before takeoff. We regret for this inconvenience at the moment. And you'll feel better after takeoff.

Thank you!

(二) 起飞后

1. 飞行上升阶段提示广播

(广播时机:遇有旅客离开座位或需要服务时广播,建议广播时长为20秒)

各位女士、各位先生:

我们的飞机正在上升高度,可能会出现颠簸。为了您的安全,请暂时不要离开座位,系好您的安全带,待飞行平稳后,我们将立即为您提供服务。

谢谢!

Ascending Notice

Ladies and gentlemen,

We are climbing now and we may encounter some turbulence. For your safety, please remain seated and fasten your seatbelts.

Thank you!

2. 航线及服务介绍广播

(广播时机:起飞后5分钟内,建议广播时长1分30秒)

(1) 国内版。

各位女士、各位先生:

大家好!

我是乘务员/长,代表机长及全体组员欢迎您搭乘××航空公司班机,很荣幸能为您服务。

现在播报航班资讯,整个航程需要××小时××分钟,预计在上午/中午/下午/晚上/凌晨××点××分到达(大约××分钟后个人娱乐系统将开启)。

[供餐广播] 接下来,我们准备了早餐(午餐/晚餐/点心)和多种饮料招待各位,

在此，提前祝大家用餐愉快。

[销售广播] 稍后我们将为您提供机上商品销售服务，欢迎参阅《购物指南》。

为了方便您的每次出行，我们准备了会员申请表，您不但可以免费申请入会，还能通过累计积分，享受购票、入住酒店等多种优惠。

旅途中可能会遇到颠簸，请您全程系好安全带，如有需要服务的地方，我们很乐意为您效劳。祝您有一个温馨而愉快的旅程。

谢谢！

Introduce the Fight Route and Service（Domestic）

Ladies and gentlemen,

Welcome aboard. This is Purser ×× speaking, we are pleased to have you on board with us. The flight time to is about ×× hours（s）and ×× minutes. We expect to arrive at ×× airport at local time ××.

We will serve you drinks and breakfast（lunch/dinner/snack）soon.

For your information, we will offer in-flight sales later. Please refer to the *Shopping Guide*.

As turbulence can be unexpected, please keep your seat belts fastened while seated during the whole fight.

Application forms for club are available from cabin crew and we wish you a pleasant journey!

Thank you！

（2）国际版。

各位女士、各位先生：

大家好！

我是乘务员/长，代表机长及全体组员欢迎您搭乘航空公司班机，很荣幸能为您服务。

现在播报航班资讯，整个航程需要××小时××分，预计在当地时间××月××日（上午/中午/下午/晚上/凌晨）××点××分到达。（大约××分钟后个人娱乐系统将开启）。

我们即将准备早餐（车餐/晚餐/点心）和多种饮料招待各位，在此，提前祝各位用餐愉快。在抵达目的地之前，我们还将送上早餐。

[销售广告] 免税品销售服务将在餐饮结束后开始，多款商品供您选择，让您尽享空中购物乐趣，敬请参阅《购物指南》。

为了方便您的每次出行，我们准备了会员申请表，您不但可以免费申请入会，还能通过累计积分，享受购票、入住酒店等多种优惠。旅途中可能会遇到颠簸，请您全程系好安全带，如有需要服务的地方，我们很乐意为您效劳。祝您有一个温馨而愉快的旅程。

谢谢！

Introduce the Flight Route and Service Item（International）

Ladies and gentlemen,

Welcome aboard. This is Purser ×× speaking, we are pleased to have you on board with us. The flight time to ×× is about ×× hours (s) and ×× minutes. We expect to arrive at ×× airport) at local time ××.

We will serve you drinks and dinner (breakfast/lunch/snack) soon.

【For your information, we will offer in – fight duty free sales later. Please refer to the *Shopping Guide*】

As turbulence can be unexpected, please keep your seat belts fastened while seated during the whole flight.

Application forms for club are available from cabin crew and we wish you a pleasant journey!

Thank you!

3. 颠簸广播

（广播时机：颠簸情况，建议广播时长为 20 秒）

各位女士、各位先生：

我们的飞机正在穿越气流，有些颠簸，请您系好安全带，洗手间停止使用。同时，正在使用洗手间的旅客，请您注意抓好扶手。

谢谢！

Turbulence

Ladies and gentlemen,

We are encountering some turbulence, please fasten your seatbelts and lavatory is not to be used.

Thank you!

（三）落地前

1. 落地前信息预报广播

（1）国内版。

（广播时机：落地前 30 分钟，建议广播时长为 50 秒）

各位女士、各位先生：

飞机将在××分钟后到达××机场。目前天气晴朗（有雨/下雪），地面温度是（零下）××摄氏度。

安全带信号灯已经亮起/安全带信号灯即将亮起，洗手间大约在××分钟后关闭，请您根据温差的变化及时整理随身物品，请将您不需要使用的毛毯（和耳机）交还给客舱乘务员。

谢谢！

30 Minutes Before Landing（Domestic）

Ladies and gentlemen,

We will be landing at ×× airport in about ×× minutes.

The weather is clear (rainy/snowy) and the temperature is (minus) ×× degree scentigrade or ×× degrees Fahrenheit. The lavatories will be closed in ×× minutes.

Thank you!

（2）国际版。

（广播时机：落地前 30 分钟，建议广播时长为 50 秒）

各位女士、各位先生：

飞机将在××分钟后到达××机场。目前天气晴朗（有雨/下雪），地面温度是（零下）××摄氏度。

安全带信号灯已经亮起/安全带信号灯即将亮起，洗手间大约在××分钟后关闭，请您根据温差的变化及时整理随身物品（飞机上的娱乐系统即将关闭，乘务员将收回耳机）。

谢谢！

35 Minutes Before Landing (International)

Ladies and gentlemen,

We will be landing at airport ×× in about ×× minutes.

The weather is clear (rainy/snowy) and the temperature is (minus) ×× degree scentigrade or ×× degrees Fahrenheit. The lavatories will be closed in ×× minutes.

Thank you!

2. 落地前安检广播

（广播时机：落地前 20~25 分钟，建议广播时长为 10 秒）

各位女士、各位先生：

我们的飞机正在下降高度，洗手间停止使用。为了您的安全，请您系好安全带，收起小桌板，调直座椅靠背（脚踏板），打开遮光板。请关闭手提电脑、MP3 等小型电子用品。

下降期间，客舱压力会发生变化，如果您感觉耳痛，可以通过吞咽动作来缓解。

谢谢！

Before Landing

Ladies and gentlemen,

We are descending now, the lavatory has been closed. To be safe, please fasten your seatbelts, bring your seat back and table (and footrests) to the upright position and open the window shades. All electronic devices should be turned off.

Thank you!

3. 飞行下降阶段提示广播

（广播时机：遇有旅客离开座位时广播，建议广播时长为 20 秒）

各位女士、各位先生：

（在客舱中站立的旅客）飞机正在下降高度，请回到您的座位上，系好安全带。

谢谢！

Descending Notice

Ladies and gentlemen,

For your safety, please sit down and fasten your seat belts. We are descending now and we may now encounter some turbulence.

Thank you！

4. 落地前再次确认广播

（广播时机：乘务员安检完毕后，建议广播时长为20秒）

各位女士、各位先生：

飞机即将着陆，为了您的安全，请再次确认安全带已经扣好，在舱门开启之前，请不要打开手机电源。

谢谢！

Secure Broadcast

Ladies and gentlemen,

We will be landing shortly. Please make sure that your seatbelts are securely fastened and keep your mobile phones powered off.

Thank you！

（四）落地后

（广播时机：飞机落地后，建议广播时长为50秒）

各位女士、各位先生：

长途旅行，大家一路辛苦了，我们已经来到××机场，距市区××公里。

飞机正在滑行，为了您的安全，请保持安全带扣好，不要打开手机电源，直到飞机停稳舱门打开，行李物品请在飞机停稳后提取。

[经停航班] 继续前往××的旅客，请您在座位上休息，先不要下飞机，我们将尽快广播告诉您后续的具体安排。

[中转航班] 继续乘坐中转航班前往其他城市的旅客，请您在下机时带好全部手提行李，并根据地面工作人员的指引或中转标志办理换乘手续。

[北京落地] 我们的飞机停靠在首都机场1号航站楼，如您继续搭乘国内班，您可直接在1号航站楼办理换乘手续，体验温馨便捷的中转服务；如您搭乘国际航班，请前往首都机场2号航站楼办理换乘手续。感谢您搭乘××的班机，我们期待您的再次光临。

谢谢！

Landing (Domestic)

Ladies and gentlemen,

Welcome to ××. The distance between ×× and downtown is about ×× kilometers.

Please remain seated and keep your mobile phones powered off until the airplane has come to a completely stop.

[Transit] If you are continuing to ××, please remain seated until we have further information for you.

[Connect] If you are connecting to other cities on Airlines flights, please take all of your carry-on luggage and disembark. Our ground staff will provide connecting information.

[PEK] If you are continuing to other domestic cities on, please remain in Terminal l for connection procedures. If you are continuing to an international destination on, please go to Terminal 2 for your connection. Our ground staff will provide connecting information.

Thank you for flying with us and we look forward to seeing you again!

第三节 客舱餐饮服务

一、餐饮服务的类型

(一) 饮料服务

1. 饮料品种

(1) 软饮料。航空公司提供的软饮料有橙汁、菠萝汁、苹果汁、桃汁、猕猴桃汁、番茄汁、可乐、雪碧、芬达、矿泉水等（见图3-4）。

(2) 酒类。航空公司最常见提供的酒类是啤酒和红葡萄酒（见表3-1）。

图3-4 客舱饮料服务

表3-1 机上常用酒类、饮料名称

类别	英文名称	中文名称
酒类饮料	Brandy	白兰地
	Cognac	干邑白兰地
	Whisky	威士忌
	Scotch	苏格兰威士忌
	Gin	金酒（又称杜松子酒）
	Vodka	伏特加
	Champagne	香槟酒
	Sparkling Wine	含汽葡萄酒
	White Wine	白葡萄酒
	Red Wine	红葡萄酒
	Beer	啤酒
	Baileys	百利甜酒
	Peppermint	薄荷甜酒
软饮料	Orange Juice	橙汁
	Pineapple Juice	菠萝汁
	Apple Juice	苹果汁
	Tomato Juice	番茄汁
	Coke	可口可乐
	Sprite	雪碧
	7UP	七喜
	Mineral Water	矿泉水
	Ginger Ale	干姜水
	Tonic Water	汤力克水
	Soda Water	苏打水

（3）热饮。航空公司提供的热饮有茉莉花茶、红茶、绿茶等。

2. 饮料服务工作

（1）水车摆放方法如下：

①饮料架摆放：大桶饮料摆在饮料架中间，果汁饮料摆在两边，标识向外，要整齐美观，方便取用，水杯成对角线倒扣放置，水杯码放高度不得超过最高饮料瓶高度。

②将饮料架摆放于餐车中部，咖啡壶、茶壶、冰桶放置在饮料车两端。

③用毛巾叠成长条状包住搅拌棒的底部，放在一个杯子里。

④餐车两边各放一块湿毛巾备用。

⑤饮料车内可放置备份饮料。

（2）发放饮料的标准：

①主动向旅客介绍饮料品种，主动协助旅客放下小桌板，然后为旅客递送餐巾纸和饮料，在餐车上备份部分吸管，及时为小旅客提供。

②供应饮料时，两名乘务员要注意推餐车时的配合和标准，不得口中念念有词，对于妨碍乘务员拉车的旅客要有针对性的提示，不可推得过快、过猛，避免当过道处有障碍物时将饮料撒到旅客身上，或因餐车的推拉速度过快而碰伤旅客。

③遵循物品发放原则：先里后外、先左后右、先女后男、先宾后主、先高后低（身份）。

④在热饮中加入少量矿泉水，但还要保证热饮有一定温度，以不烫伤旅客为原则（水温约控制在 60~70℃）初次调制热饮可加 750mL 的矿泉水。如果热饮壶中原本有一些剩余，应适当减少矿泉水的加入量，加入 500mL 的矿泉水即可，并可以根据季节的不同调整矿泉水的加入量。

⑤如旅客为糖尿病人，可建议旅客饮用茶水、黑咖啡、矿泉水、菠萝汁、无糖可乐等不含糖或低糖饮料。

⑥不得让旅客当"二传手"，为其他旅客传递饮料，也不得将饮料从旅客头上传过。传递饮料时，应距离旅客的头部远些，不要让旅客有躲闪的动作。

⑦如果不慎将饮料洒在旅客身上，应及时道歉，并用纸巾和毛巾擦拭，注意态度要诚恳。

⑧中、后舱服务要做好交接，避免漏发。

（3）各种饮料发放注意事项：

客舱饮料供应时常见的饮料包括茶水、咖啡、矿泉水、雪碧、七喜、可乐、橙汁、苹果汁、番茄汁等。倒饮料的时候杯子不要抬得太高，高度最好不要超过餐车，这样容易控制，不易泼洒。饮料倒至杯子的 7 成，儿童倒杯子的 5 成。拿杯子时，握杯子的下 1/3 处，无名指和小指托住杯底，其余 3 个手指扶住杯身。

①果汁的服务：橘子汁（用量最大）；番茄汁（外宾喜欢）加冰与否应根据客人的要求；菠萝汁（适合糖尿病人）；苹果汁（适合儿童）冰镇饮用味道好。

提供果汁时需注意：打开前，应摇晃均匀（特别是橙汁和番茄汁）。如是听筒包装，需擦拭听筒的顶部。开封后的果汁保存时间不宜过长，加冰与否需征求客人的意见。一般情况下，橙汁加冰比较常见。

②碳酸类饮料的服务：提供碳酸类饮料时，需注意打开前不要摇晃。在水车推出厨房前应先把瓶盖拧开再盖好；倒碳酸类饮料时，杯子应倾斜 45 度，提供碳酸类饮料前应主动询问客人是否加冰；不主动提供可乐给婴幼儿或神经衰弱者。

③茶水的服务：普通舱一般提供花茶。提供花茶时，应将茶包预先放入壶中，倒入 5 成开水，到送餐时再倒入 7 成开水或加入常温矿泉水，一般 3 个小茶包可冲泡两次，随时观察茶水的浓度与温度。

头等舱提供绿茶、红茶。红茶一般为袋泡茶，冲好后立即送给客人。

在提供奶茶时，应沏好红茶后加牛奶（不能加柠檬）。

在提供柠檬茶时,沏好红茶后加一片鲜柠檬,并附送上袋糖,不用提前将糖加在杯中。

④咖啡的服务:厨房乘务员在准备咖啡时,先将速溶咖啡冲成浓缩的咖啡汁,服务前再将其加水冲调。也可以先接好开水,再加入速溶咖啡,用长柄勺搅拌即可(见表3-2)。

咖啡的饮用方式有:黑咖啡(直接喝,不加任何配料),咖啡+糖,咖啡+咖啡伴侣,咖啡+糖+咖啡伴侣,咖啡+冰。

表3-2 精品航线或国际航班咖啡制作表

咖啡名称	材料	用量	用具	做法
哥伦比亚咖啡		直接煮制或泡制		
阿拉比卡咖啡		意式袋装咖啡直接煮制或泡制		
低因咖啡		直接煮制或泡制		
卡布奇诺	意式浓缩咖啡	1/2 杯	咖啡杯 咖啡勺 布粉器	1. 意大利浓缩咖啡5分满 2. 倒入打过奶泡的热牛奶至8分满 3. 根据旅客喜好撒上少许肉桂粉或巧克力粉
	热牛奶	与意式浓缩咖啡一起至8分满		
	肉桂粉或巧克力粉	至8分满		
拿铁咖啡	意式浓缩咖啡	1/5 杯	咖啡杯 咖啡勺	1. 意大利浓缩咖啡2分满 2. 倒入热牛奶至6分满 3. 倒入冷却的奶泡至8分满
	热牛奶	与意式浓缩咖啡一起至6分满		
	冷奶泡	至8分满		
意式浓缩咖啡		直接煮制或泡制		
皇家咖啡	白兰地	1 咖啡勺	咖啡杯 咖啡勺	1. 将糖放入杯中 2. 往杯中倒入45毫升白兰地 3. 待糖溶化后往杯中倒入黑咖啡至8分满
	糖	1 包 (根据旅客喜好)		
	意大利咖啡或哥伦比亚咖啡	与白兰地一起至8分满		
冰咖啡(用速溶咖啡调制法)	速溶黑咖啡	1 汤匙(约5克)	咖啡杯 玻璃饮料杯 汤匙 咖啡勺 冰勺	1. 将一汤匙黑咖啡倒入咖啡杯中 2. 往咖啡杯中加入1/2杯开水,搅拌均匀 3. 往玻璃饮料杯中加入冰块至1/2处 4. 将搅拌均匀的咖啡倒入玻璃杯中 5. 往玻璃饮料杯中加入冰块至8分满 6. 根据旅客需要提供奶球、糖水球
	冰块	加至玻璃饮料杯1/2杯处		
	奶球	1 个 (根据旅客需要)		
	糖水球	1 个 (根据旅客需要)		

续表

咖啡名称	材料	用量	用具	做法
冰咖啡（用浓缩咖啡调制法）	冰块	加至玻璃饮料杯1/2处	咖啡杯 玻璃饮料杯 汤匙 咖啡勺 冰勺	1. 将咖啡饼放置在和机凹槽处，煮制1/2杯浓缩咖啡 2. 更换咖啡饼，重复步骤1，将咖啡杯接满 3. 往玻璃饮料杯中加入冰块至1/2处 4. 将浓缩咖啡倒入玻璃饮料杯中 5. 往玻璃饮料杯中加入冰块8分满 6. 根据旅客需要提供奶球、糖水球
	奶球	1个		
	糖水球	1个		
	意大利拼配咖啡饼	2个		

⑤提供矿泉水时，最好冰镇或常温，客人无此要求则不需加冰。

⑥啤酒需冷藏后再提供，开启时借助小毛巾避免溅出，倒酒时将杯子倾斜45度，酒液沿杯壁倒入杯中至啤酒花齐杯口，倒入后连同啤酒听一同送给客人（见表3-3）。

表3-3 精品航线或国际航线酒制作表

酒名	材料	用量	用具	做法
登机特饮冰凉十分	芒果汁	与冰块一起至1/2杯处	饮料杯 冰勺 搅拌棒	1. 检查饮料杯是否干净 2. 往饮料杯中放入6~8个冰块 3. 加入芒果汁至饮料杯1/2处 4. 加入七喜至8分满 5. 加入半瓶盖石榴糖浆 6. 放入搅拌棒及1片橙片
	七喜	1/3杯		
	石榴糖浆	半瓶盖		
	冰块	6~8个		
	橙片	1片		
热情海南	百利甜酒	1盎司（量酒器小容量端1满杯）	调酒器 冰勺 量酒器 饮料杯 搅拌棒	1. 检查调酒器、饮料杯是否干净 2. 往调酒器中放入6~7个冰块 3. 加入椰汁至调酒器1/2处 4. 加入1盎司百利甜酒 5. 盖上调酒器，均匀摇动10~12次 6. 倒入饮料杯中，放入搅拌棒并在杯口 7. 嵌1个樱桃作装饰
	椰子汁	与冰块一起至调酒器1/2处		
	冰块	6~7个		
	樱桃	1个		
高波	威士忌	1.5盎司（量酒器大容量端1满杯）	饮料杯 冰勺	1. 检查饮料杯是否干净 2. 往饮料杯中放入6~7个冰块 3. 加入苏打水至7分满 4. 加入1.5盎司威士忌 5. 加入1片柠檬
	苏打水	与冰块一起至7分满		
	冰块	6~7个		
	柠檬	1片		

续表

酒名	材料	用量	用具	做法
螺丝刀	伏特加	1.5 盎司（量酒器大容量端 1 满杯）	饮料杯 冰勺 搅拌棒	1. 检查饮料杯是否干净 2. 往饮料杯中放入 6~7 个冰块 3. 加入橙汁至 7 分满 4. 加入 1.5 盎司伏特加 5. 放入搅拌棒及 1 片橙片
	橙汁	与冰块一起至 7 分满		
	冰块	6~7 个		
	橙片	1 片		
欢乐泉	白葡萄酒	与冰块、苏打水一起至 9 分满	饮料杯 冰勺	1. 检查饮料杯是否干净 2. 往饮料杯中放入 6~7 个冰块 3. 加入苏打水至 6 分满 4. 加入白葡萄酒至 9 分满 5. 加入 1 片柠檬片
	苏打水	与冰块一起至 6 分满		
	冰块	6~7 个		
	柠檬片	1 片		
血腥玛丽	伏特加	1.5 盎司（量酒器大容量端 1 满杯）	调酒器 冰勺 量酒器 饮料杯 搅拌棒	1. 检查调酒器、饮料杯是否干净 2. 往量酒器中放入 6~7 个冰块 3. 加入番茄汁至调酒器 1/2 处 4. 加入 1.5 盎司伏特加 5. 加入辣椒水 3~5 滴（抖动辣椒水瓶） 6. 盖上调酒器，均匀据动 8~10 次 7. 倒入杯中，在杯中加入 2 片柠檬片
	番茄汁	与冰块一起至调酒器 1/2 处		
	辣椒水	3~5 滴		
	柠檬片	2 片		
金汤力	金酒	1 盎司（量酒器小容量端 1 满杯）	饮料杯 5 寸碟 冰勺 量酒器 搅拌棒 吸管	1. 检查饮料杯是否干净 2. 拿 1 片柠檬片抹饮料杯口一次 3. 将食盐倒在小碟上，将饮料杯口在放盐小碟上，顺印一圈 4. 在饮料杯中放入 5~6 个冰块 5. 加入汤力水至 7 分满 6. 加入 1 盎司金酒 7. 放入搅拌棒及 1 根吸管，并加入 1 片柠檬
	汤力水	与冰块一起至 7 分满		
	冰块	5~6 个		
	食盐	适量		
	柠檬片	1 片		
香橙金巴利	金巴利	1 盎司（量酒器小容量端 1 满杯）	调酒器 冰勺 量酒器 饮料杯 搅拌棒	1. 检查调酒器、饮料杯是否干净 2. 往调酒器中放入 6~7 个冰块 3. 加入苏打水至调酒器 1/3 处 4. 加入橙汁至调酒器 1/2 处 5. 加入 1 盎司金巴利酒 6. 盖上调酒器，均匀摇动 8~10 次 7. 倒入饮料杯中，放入搅拌棒及 1 片橙片
	橙汁	与冰块、苏打水一起至调酒器 1/2 处		
	苏打水	与冰块一起至调酒器 1/3 处		
	冰块	6~7 个		

续表

酒名	材料	用量	用具	做法
黑色俄罗斯	咖啡利口酒	1.5 盎司	饮料杯 冰勺 搅拌棒	1. 检查饮料杯是否干净 2. 往饮料杯中放入 10 个冰块 3. 加入 1 盎司伏特加 4. 加入 1.5 盎司咖啡利口酒 5. 放入搅拌棒 （备注：因此款鸡尾酒两种基酒酒精浓度均较高，故此款酒调制成后约为 1/3~1/2 杯之间）
	伏特加	1 盎司（量酒器小容量端 1 满杯）		
	冰块	10 个		

参考服务用语：

（1）您好！我们为您准备了茶水、咖啡、可乐、雪碧、橙汁、苹果汁、矿泉水，请问您需要什么饮料？

（2）请问您的可乐（雪碧）需要加冰吗？

（3）这是您的咖啡，有点儿烫，请小心接好。

（4）要不您先喝这杯，我马上就给您加好吗？（对个别一次就要几杯饮料的旅客）小桌板不大，放多了怕洒（还容易弄脏您的衣服）。

（二）餐食服务

1. 餐食的种类

（1）按餐食的类别划分。

①正餐（DNR），包括午餐（LCH）和晚餐（SPR）。

②早餐（BRF），早上 09：00 以前起飞的航班。

③点心（REF），在非正餐、早餐时间段提供。

（2）按餐食供应时间分。

①早餐：06：30~09：00。

②午餐：10：30~13：30。

③晚餐：16：30~19：30。

（3）餐盘形式分类。

①早餐。

②正餐。

③冷正餐。

（4）其他分类。

①盒正餐。

②盒早餐。

③盒点。

④快餐。

⑤花生米。

2. 食品名称介绍

(1) 正餐（见图3-5）。

①甜品（Dessert）。

②面包（Roll）。

③黄油（Butter）。

④冷荤（Appetizer）。

⑤水、杯子（Water，Cup）。

⑥刀叉包、纸巾（Dinner Set）。

⑦主菜（Hot Entree）。

注意：

不同种类的热食通常用不同颜色的外包装进行区分。

民航局规定，国内航线正餐配有两种热食以供选择，并定期更换。

北京出港备份两份素食/两份清真。

乘务员提供时需介绍菜名、口味。

图3-5 航空配餐——正餐

(2) 西式早餐（见图3-6）。

①甜品（Dessert）。

②牛角包（Croissant）。

③黄油/果酱（Butter/Jam）。

④热饮杯（Cup）。

⑤主菜（Hot Entree）。

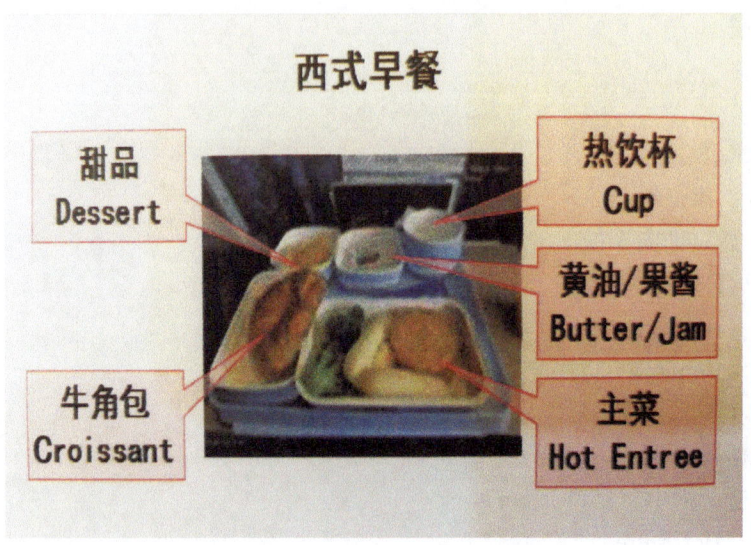

图3-6 航空配餐——西式早餐

(3) 中式早餐（见图3-7）。
①甜品（Dessert）。
②面包（Roll）。
③咸菜（Pickles）。
④三明治（Sandwich）。
⑤粥（Porridge）。
注意：
早餐配有中、西两种冷盘和热食可供选择，并定期更换。
北京出港需备份两份素食。
乘务员提供时需介绍菜名、口味。

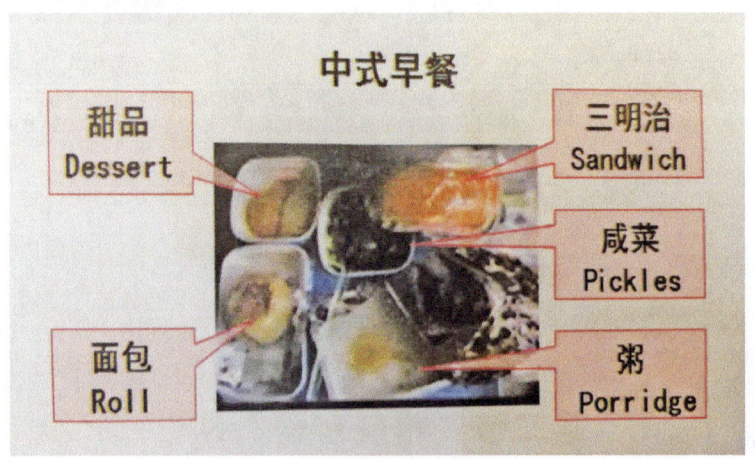

图3-7 航空配餐——中式早餐

(4) 点心（见图 3-8）。

点心主要有盘装点心和盒装点心两种。

图 3-8 航空配餐——盒装点心

(5) 快餐（见图 3-9）。

快餐主要有烧饼、三明治、汉堡等。

图 3-9 航空配餐——快餐

二、餐饮服务流程

（一）经济舱餐饮服务

1. 餐前准备

(1) 餐饮准备期间必须拉合厨房隔帘，做到"三轻"，即说话轻、动作轻、脚步轻。

(2) 乘务员在烘烤餐食和供餐前应洗净双手。

(3) 根据餐食种类确认烘烤时间和温度。

（4）冲泡热饮。热饮主要有茶类和咖啡，在冲泡时应注意：

避免在飞机爬升阶段准备热饮；冲泡热饮时，水位高度不得超过壶嘴，以防止颠簸时溢出，水温控制在 60~70℃。

（5）餐车摆放时，要求安全、整齐、美观、方便。

①饮料车摆放时，饮料标签朝向旅客，便于旅客选择。

②热食摆放时，不要叠放过高（以 3~4 层为宜），避免滑落。

2. 服务要点

提供服务时，一般遵循窗口座位优先、老弱妇孺优先的原则。

（1）推拉餐车时应注意：

①手指并拢，两手扶住餐车的两侧进行推拉。在拉餐车时还可运用拉住车扶手的方法进行操作。

②掌握适当的速度，避免碰撞旅客、座椅或其他客舱设施。

③单人推车时，始终站在面对旅客一侧，同时确保另一侧车门锁闭。

（2）送饮料时应注意：

①开启带汽类饮料时，用毛巾包住或放于餐车内打开，防止喷溅；开启果汁类饮料时，应先轻轻摇匀，幅度不可过大。

②为需要的旅客打开小桌板。

③倒冷饮料时，应先询问是否需要添加冰块（先放冰块，再倒饮料）。

④倒饮料时，应将饮料瓶或壶从餐车上取下，低于餐车位进行倾倒，壶嘴/瓶嘴对着过道，必要时可退后一步倒。倒热饮时不可过急，以免将水花溅到旅客身上；倒冷饮时，杯口不可碰到瓶口，倒带汽饮料时杯子要倾斜一定的角度。

⑤倒饮料时，一般以水杯的 7~8 成满为宜，轻度颠簸时则以杯子的 5 成为宜。为年幼旅客提供饮料时，冷饮以 5 成为宜，热饮先征求监护人的意见，并放于监护人处。

⑥送出时应握住水杯下 1/3 处，不应触碰杯口，递送热饮时避免与旅客手对手交接。

（3）送餐食时应注意：

①主动向旅客介绍餐食种类，供旅客选择。

②发送餐盒时，将餐盒盖折叠整齐，送至旅客的小桌板上或递送于旅客手中。

③如配备热食，为确保服务安全，与旅客交接时必须加强语言提醒，不要将热食直接摆放在托盘上，以免旅客烫伤手。

（4）回收餐具时应注意：

①视旅客用餐情况及时回收餐具。

②回收餐具时，应先征询旅客意见，确认后方可收取。

③避免汤汁、饮料等洒落在旅客身上。

④收取完毕后，帮助旅客清理并收起小桌板。

参考服务用语：

(1) 您好！我们为您准备了鸡肉米饭、牛肉面条，请问您需要哪一种？

(2) 不好意思，您需要的鸡肉米饭这个餐车上没有了，我去服务间确认一下好吗？

(3) 不好意思，鸡肉米饭已经送完了，要不您试一下这份牛肉面条，味道也很好。

(4) 这是您需要的清真餐（素食餐），请慢用。

(5) 不好意思，我们要先保证飞机上的旅客都用上餐。要不您先用着，待会儿有了富裕的我马上给您送过来好吗？（对个别需要额外加餐的旅客）

(二) 两舱餐饮服务

两舱餐饮服务遵循西餐礼仪的相关要求，下面以国际远程航线头等舱正餐供餐程序为例。

1. 餐前准备

充分、细致的餐前准备工作是做好餐饮服务工作的重要保障。

(1) 餐饮准备期间必须拉合厨房门帘，准备餐食、饮品时动作要轻，声音要低，避免打扰旅客。

拉合门帘的动作要领：手握门帘的上端，若有旅客注视，请与旅客微笑点头示意后再轻轻将帘子拉上。

提示：供餐期间乘务员必须穿着围裙，进入洗手间前乘务员必须脱下围裙。

(2) 乘务员在烘烤餐食和供餐前应洗净双手。

(3) 检查用品、用具是否清洁无污渍。

(4) 热食盘、咖啡杯、面包碟等放入烤箱或用热水预热。

(5) 根据旅客需求和餐食种类确认烘烤温度和时间（见表3-4）。

表3-4 不同餐食烘烤温度和时间

种类	温度范围（℃）	烘烤时间（分钟）
面包	150~175℃或中温	7~10
肉类	175~200℃或中温	15~20
海鲜类	175~200℃或中温	15~20
蔬菜类	150~175℃或中温	7~10
牛扒类	3成熟：150℃或中温	15
	5成熟：175℃或中温	20
	8成熟：200℃或中温	25
点心/早餐	150~200℃或中温	10~15

注：以上烘烤温度和时间仅供参考，需视机型、烤制数量等情况而定；热食不能叠放烤制，烘烤前应检查包装锡纸，发现破损时更换；蔬菜和肉类混合，以肉类烘烤时间为准，加热后及时打开锡纸盖，避免蔬菜变黄；随时关注烤制时间，确保餐食的色泽和口感。

2. 送毛巾

美观干净、温度适中的餐前毛巾服务可以使旅客做好用餐的准备。

3. 订餐服务

航空公司会根据所飞区域和航线，提供不同的餐食、饮料品种，供两舱旅客选择。

（1）提供餐食、酒水单，并主动向旅客介绍餐食内容及饮料、酒水等。

动作要领：将餐谱置于左手小臂内侧（低于时关节位）；打开餐谱相应页，递送给旅客。

（2）餐谱、酒水单发放后5～10分钟，乘务员进行订餐服务。订餐时根据机型座位分布选用合适的点餐单。

预定内容包括：用餐时间（尽量用委婉的语言引导旅客集中用餐）、饮料酒水（是否加冰或冰镇）、主菜、主食、忌口食物、沙拉（同时预定沙拉所配酱汁，如千岛汁、油醋汁、法式酱汁、意大利汁、酸奶汁、麻酱汁）。

（3）根据旅客预订的主食，主动向其推荐与主食相搭配的酒类（葡萄酒应介绍葡萄的品种、口味、产地、年份等）。

（4）准确记录旅客的选择要求，检查无漏，复述旅客的选择。

（5）为更好地与旅客沟通，应对旅客的选择表示适当的肯定和赞美。

知识拓展：

酒类与食物的搭配

酒与食物的搭配是一门学问，也是一门艺术。一般来说，最粗浅的搭配法是"红酒配红肉，白酒配白肉"。如果更进一步，则食物与酒的搭配要讲求口味协调，也就是说，味道重的食物要搭配味道浓郁厚重的酒，味道清淡的食物要搭配味道清新淡雅的酒。酒与食物的基本搭配如下：

（1）红葡萄酒配：牛肉、羊肉、鸭肉、鹅肉、野味（肉色深）、味重的奶酪等。

（2）白葡萄酒配：海鲜、蜗牛、鹅肝、鱼肉、鸡肉、猪肉、野味（肉色浅）、味淡的奶酪、沙拉、水果等。

（3）香槟配：前菜、海鲜、家禽、甜点、水果等。

4. 铺桌布

铺桌布是西餐服务程序中不可缺少的步骤，美观、干净、平整的桌布可以为旅客营造良好的用餐环境。

（1）将桌布悬挂于手臂（桌布数须多于实际需求数）。

（2）协助旅客打开小桌板。

（3）铺桌布时，动作要熟练、优雅、亲切，并礼貌地与旅客进行沟通。

动作要领：将桌布悬挂于外侧手臂上，轻轻拉开桌布边缘，将桌布平铺在桌板上。

5. 摆放餐前酒

餐前酒（Aperitif），又称开胃酒，能够起到刺激胃口、增加食欲的作用。

（1）摆放各类酒水、物品，要求整齐、美观、安全。摆放时，由低到高，可呈扇形、斜形，方便拿取。

（2）酒类可提供：威士忌、白兰地、金酒、伏特加、红葡萄酒、白葡萄酒、薄荷酒、咖啡酒、香槟酒、啤酒等（其中，白葡萄酒、香槟酒、啤酒需要冰镇）

（3）饮料包括：软饮料、配酒饮料、矿泉水等。

（4）物品包括：鲜花、饮料杯、葡萄酒杯、白兰地杯、果仁、餐巾纸、杯垫、配酒点缀物、搅拌棒、冰桶等。

6. 送餐前酒水、果仁和纸巾

（1）主动向旅客介绍各类酒水。

（2）准备好旅客需要的酒水餐巾纸、果仁等。

（3）饮料杯通常应置于旅客小桌板右侧。

7. 摆放餐具

摆放刀、叉、勺、黄油碟、面包盘、盐、胡椒、牙签等，要求位置正确，动作轻柔。

8. 送面包

（1）所有面包均须加热（手感微烫）。

（2）在面包篮中摆放面包时，将蒜蓉面包与其他面包隔开，避免串味。

（3）面包篮送出时应低于旅客视线，便于旅客选择。

（4）主动介绍面包品种。

（5）根据旅客选择，用面包夹夹取后放于面包碟上，夹时不宜用力过大，以防面包变形。

（6）保持面包的温度和外形，在后续服务中主动询问旅客是否需要添加面包。

两舱餐饮服务提供的面包种类见表3-5。

表3-5 面包介绍

中文名称	英文名称	中文名称	英文名称
三角面包	Croissant	黑面包	Rye Bread
棒状面包	Baguette	蒜蓉面包片	Garlic Slices
全麦面包	Whole Wheat	白芝麻面包	White Sesame Seed Rolls
硬面包	Hard Rolls	法国面包	French Bread
软面包	Soft Rolls	葡萄面包	Raisin Bread
小圆面包	Bun		

9. 送汤

（1）主动向旅客介绍汤的种类。

（2）在旅客面前打开汤盖。

10. 送冷盘

将冷盘中的主菜对着旅客。

11. 送色拉

（1）将色拉汁倒入专用容器内，附带汁勺，置于托盘上。

（2）主动向旅客介绍色拉汁的品名、味道及产地。

（3）将色拉汁搅拌后均匀地浇在色拉上提供给旅客。

12. 配送主菜

（1）主菜盘需要事先加热。

（2）主菜搭配原则为由左至右、由浅入深。

（3）主菜盘边缘及配菜之间要留有空隙，要求摆放美观。

（4）送时将主菜对着旅客。

（5）提供旅客预选的酒类。

13. 用折叠车配送水果、奶酪

（1）配送时，车上层放置水果和奶酪，下层放置瓷盘、刀叉。要求摆放美观、用具齐全。

（2）主动向旅客介绍水果的种类，根据旅客需要使用三叉摆盘，同时送上刀叉。

（3）主动向旅客介绍奶酪的名称、产地、特征和味道。

（4）配送奶酪时，一种奶酪使用一把刀，以防串味。使用7寸盘，要求摆放标准、配置齐全（芹菜、红根条、干果、饼干等）。

（5）配送时，奶酪要对着旅客，同时送上刀叉，并主动询问旅客是否需要红葡萄酒。

知识拓展：

奶酪

1. 常见的几种奶酪

（1）Camembert：产地法国，形状扁平呈圆形，外皮灰白色，里层柔韧呈黄色。有独特的味道，柔和适口。

（2）Blue Cheese：产地法国，形状为三角形，呈青点儿斑纹状，与大理石模样相似，有强烈的刺鼻味道和咸味。

（3）Cheddar：产地英国，形状为长方形，有发酵孔，浅黄色，酸味，较硬。

（4）Edam：产地荷兰，形状扁平，外皮由红色蜡脂包裹，内部呈白色，味道温和有点咸，外皮不能食用。

（5）Emmenthal：产地瑞士，形状为长方形，富有弹性，味道柔和甘美，网状，有无数的大孔。

（6）Danish Blue：产地丹麦，有刺鼻的味道，外部和内部有青绿色斑点。

(7) Garlic Cheese：由锡纸包装，质地松软，含青绿色斑点，有蒜香味道。

2. 什么酒和水果与奶酪最相配

葡萄酒与乳酪堪称是最佳搭档，最能彼此激发出醉人的美味。搭配方式上可从滋味的浓淡相近上入手。比方说：Camembert 可搭配浓郁的红酒；Blue Cheese 可配强劲浓厚的红酒或 Muscat、Sauternes 等甜白酒。此外，咸度高的奶酪与略酸的葡萄酒，脂肪含量多的奶酪与较干（dry）的葡萄酒，彼此具有中和作用，同样十分相配。葡萄、苹果、梨等水果配较清淡的奶酪；杏仁、核桃等坚果则配较硬的奶酪。

3. 奶酪的切法

（1）圆形奶酪，如 Camembert 从奶酪中心向外切，以每块分为 6 份为宜。

（2）Edam 奶酪的切法：先去掉红外皮，首先沿斜角切，再垂直切以取得三角形，每块以宽 1cm、长 6cm 为宜。

（3）Cheddar 奶酪切法：沿对角切后再直身快切，每块以宽 1cm、长 6cm 为宜。

注意：切奶酪时，刀从上直切下去，不要左右推晃，切好后从奶酪下方拉出刀，动作要干净利索。

14. 用折叠车配送甜品、热饮

（1）车上层放置茶壶、咖啡壶、奶杯、糖缸、甜品及蛋糕铲，下层放置加热的咖啡杯、杯托、瓷盘、叉、勺。要求摆放美观、物品齐全。

（2）主动向旅客介绍甜品的种类，用蛋糕铲切送，动作干净、利落。使用 7 寸盘摆放，要求标准、美观。送出时，将蛋糕的切面面向旅客，同时提供叉具。

（3）征询旅客对咖啡、茶等热饮的需求。送出时，将杯把平行置于旅客右手侧。

15. 送毛巾

确保毛巾的温度与湿度，并及时收回旅客用完的毛巾。

16. 回收餐具、餐布

（1）观察、识别或询问旅客是否用餐完毕。

（2）用餐完毕后，应及时收回所有餐具和服务用品。

（3）回收时应将餐具适当整理，摆放整齐，防止汤汁外溢。

17. 餐后酒的摆放及提供

（1）餐后酒包括薄荷酒、咖啡酒、白兰地、百利甜酒等。

（2）摆放时要求美观、安全、物品齐全。

（3）将餐后酒、巧克力等甜品、用具及酒杯摆在车上同时提供。

（4）主动介绍各种餐后酒，根据旅客需要提供。

（5）及时收回旅客用完的餐具。

三、特殊餐食

（一）特殊餐食的分类

1. 宗教餐

（1）印度教餐（Hindu Meal/Hindustan Meal）。

（2）穆斯林餐（Muslim Meal）。

（3）犹太教餐（Kosher Meal）。

2. 素食餐

（1）印度素食（AVML）。

严格印度素食（IVML）。

（2）西方素食（VLML）。

严格西式素食（无牛奶制品）（Strict Western Vegetarian Meal）。

（3）东方素食（ORVG Meal）。

3. 特殊需求餐

（1）儿童餐（Children Meal）。

（2）婴儿餐（Baby Meal）。

（3）海鲜餐（Seafood Meal）。

（4）高纤维餐（High Fiber Meal）。

4. 医疗健康餐

（1）糖尿病餐（Meal for Diabetics）。

（2）胃溃疡餐（Bland/Soft Meal）。

（3）无谷蛋白餐（无麸质餐）（Gluten Free Meal）。

（4）低脂肪餐（低胆固醇）（Low Fat Meal）。

（5）低盐餐（Low Sodium Meal）。

（6）低热量餐（低卡路里）（Low Calorie Meal）。

（7）低蛋白餐（Low Protein Meal）。

（8）无乳糖餐（No Lactose Meal）。

（二）特殊餐食四字代码

SPML：特餐

HNML：印度教餐

MOML：穆斯林餐

KSML：犹太教餐

AVML：印度素食餐

VGML：素食餐

CHML：儿童餐
BBML：婴儿餐
SFML：海鲜餐
HFML：高纤维餐
DBML：糖尿病餐
BLML：胃溃疡餐
GFML：无谷蛋白餐
LFML：低脂肪餐
LSML：低盐餐
LCML：低热量餐
LPML：低蛋白餐
NLML：无乳糖餐

（三）提供规范

1. 印度教餐

印度教徒的餐食不含牛肉，主要是经过蒸煮的鸡肉、羊肉、鱼类、果蔬以及米饭和水果，严格的印度教徒几乎是素食者，乘务员提供服务时不能使用左手。

2. 穆斯林餐

穆斯林餐是专门为不食用猪肉的伊斯兰教徒准备的餐食。由于伊斯兰教徒不喜欢四条腿的动物及蛤蜊、贝类、乌龟和章鱼等，因此常以鸡肉、米饭、蔬菜和鱼类为餐食，烹调过程中不使用酒精。服务时严禁提供带有酒精的饮料。

3. 犹太教餐

（1）犹太教餐是专为犹太正教信徒准备的餐食。按照犹太教的规定，烹饪必须在祈祷后完成。

（2）犹太教徒认为，经过其他人触摸的餐具即使已经洗干净也是忌讳的事情，因此餐具一定要在密封完好的状态下提供给旅客。

（3）犹太教徒的餐食只在国际航班上提供，需要在起飞前72小时内向售票处提出申请。乘务员提供时严禁打开包装。

4. 印度素食

（1）不严格印度素食（AVML）。不严格的印度素食为印度风味辛辣素食，不含肉、海鲜，含有有限的奶制品。

（2）严格印度素食（IVML）。严格的印度素食不含肉、海鲜、鸡蛋、奶制品或根茎蔬菜，如生姜、大蒜、洋葱、马铃薯等。

5. 西方素食

西方素食是指为西方国家的素食主义者提供的餐食，使用西式烹调，不含各种肉类。

（1）不严格西方素食（VLML），也称奶蛋素食，含乳制品。

（2）严格西方素食（VGML），不含乳制品。

6. 东方素食

东方素食是按中国风味准备和烹饪，不含肉、鱼、奶等动物或动物制品，或任何生长在地下的根茎类蔬菜。

7. 儿童餐

儿童餐是指适合 2~7 岁儿童的餐食。儿童餐比成人分量少，易咀嚼，易消化，并对孩子有吸引力的食品。

8. 婴儿餐

婴儿餐适合 10 个月以上的婴幼儿食用，这时的孩子仍不能吃固体食品，可提供蔬菜泥、肉糜、鱼糜、小儿甜点和水果汁等。

9. 糖尿病餐

糖尿病餐包含脂肪量很少的瘦肉、高纤维食品、新鲜的蔬菜水果、面包和谷物等，该餐食对是否需要胰岛素的病人都适用。

10. 胃溃疡餐

胃溃疡餐不含能引起胃肠不适的食物，此种餐食含极少的食用纤维及低脂肪。

11. 无乳糖餐

无乳糖餐不包含任何乳类制品。

12. 低盐餐

低盐餐是适合高血压、心脏病和肾脏病患者的特殊餐食。该餐食严格控制食品的钠含量，主要以生鲜蔬菜、饼干、面糊、低脂肪的瘦肉、低热量的黄油、高纤维低盐的面包、水果、沙拉等食物为主。

13. 水果餐

水果餐只含新鲜水果，不含添加糖分的加工水果或水果干。

（四）申请特殊餐食的规定

（1）旅客申请特殊餐食必须提前在售票点或者售票网站申请、预订。
（2）旅客在机场临时申请特殊餐食时，必须符合航班的最短配餐时间规定。
（3）旅客不得临时更改特殊餐食种类。

（五）特殊餐食的发放流程

1. 一般流程

（1）售票点在定座系统中登记好旅客要求提供特殊餐食的申请。
（2）定座系统向航食部门发送申请。

2. 旅客在机场临时申请特殊餐食

（1）值机人员向调度部门提供临时加餐信息。
（2）调度部门与航食部门沟通。
（3）值机人员向旅客确认订单，并填写《旅客特殊服务通知单》，将信息交给航班乘务长。

（4）乘务员根据通知单上的内容对旅客进行服务。

（六）特殊餐食服务标准

（1）旅客预订的特殊餐食应先提供，避免用客舱广播系统直接进行广播。
（2）做好与航食人员的交接与验收。
（3）检查特殊餐食的种类和数量。
（4）确认具体座位号，做好交接工作。
（5）根据宗教习惯和健康要求，按不同特殊餐食的服务方式正确提供。

知识拓展：

印度餐

印度菜在菜式创造和就餐礼仪上都已经开始变得国际化了，但是其中仍有一些不容忽视的细节需要外国食客们注意，否则仍有可能在餐桌上被人笑话。

用餐时需要掌握好时间。印度人通常一天只吃两顿饭，第一餐是在上午8点以后，第二餐基本在晚上8点以后。但是习惯西式生活的印度人也开始一日三餐，每餐包括开胃菜、汤、主菜和甜点，根据个人食量点菜，也可以不要开胃菜。

用餐时吃饭速度与对方相同。印度菜用餐时的吃法也很特别，是中西合璧的，既使用刀叉，也要大家一起点菜一起吃。而且如果和印度人同桌吃开胃菜，吃得太快或太慢都是不好的，最好尽量保持和对方相同的速度把菜吃完。此外，甜点和茶一定要等到饭后再端上餐桌，否则也是对客人非常不礼貌的行为。

印度人实行分餐，所以吃多少盛多少，不要留下剩菜。

印度人"手抓饭"的乐趣和忌讳。手抓饭是印度人长久以来的就餐习俗，吃饭前他们会先洗净手，然后准备就餐。如果去印度人家里做客，一定要尝试"手抓饭"。正是因为印度人的这一习惯，使得印度大部分菜都被制作成糊状，这样才便于用手抓饼卷着吃，或是抓米饭拌着吃。特别要注意的是，印度人的手抓饭在用手上也是有忌讳的。那就是只用右手抓食物，而左手绝对不得用来触碰食物。印度人认为，左手是专门用来处理不洁之物的，因此吃饭时，他们的左小臂一般沿桌边贴放，手垂放于桌面以下，或是干脆把左手藏在隐蔽的地方。用餐结束，服务员会给客人用小碗端来洗手水，水里漂着用于清洁的柠檬片和用于装饰的花瓣，当然，只能清洗右手。

印度人不吃菇类、笋类、木耳。信奉印度教和锡克教的人忌讳吃猪肉、牛肉。他们一般不喝酒，因为喝酒是违反宗教习惯的。但有喝茶的习惯，他们喜欢用舌头舔着喝。印度人最不喜欢吃大荤，吃素食的人较多，等级越高，吃荤越少。印度人喜欢中国的粤菜、苏菜。

印度奉牛为神圣，忌讳吃牛肉，忌讳用牛皮制品。崇拜蛇，视杀蛇为触犯神灵。

忌讳用澡盆给孩子洗澡，认为是"死水"，是不人道的行为。

羊肉"巨无霸"。印度人大部分信奉印度教，宗教对饮食有着很大的影响。众所周知，牛在印度人心目中极为神圣。尽管很多牛在大街上游荡，但在餐馆里，在任何招待会上，你是决不会吃到牛肉的。在印度去吃麦当劳，不要点牛肉的"巨无霸"，因为那里只有羊肉的。外国人要想吃牛肉，只能到穆斯林聚居的专门店铺去买，拿回家自己做。

由于宗教的原因，印度的素食者特别多。请印度人吃饭，先要搞清楚对方是不是素食者，否则会很尴尬。严格的素食者是连鸡蛋也不吃的，但牛奶一般都喝。有些虔诚的印度教徒，吃饭前还要做祷告。有一次，我们请印度朋友来家吃饭，大家落座后，突然发现一位朋友闭上了眼睛，嘴里好像还在默念着什么，片刻之后，才睁开眼睛开吃。

不吃牛肉，但喝牛奶。印度是世界上数一数二的产奶大国，牛奶在印度人的饮食结构中占有非常重要的位置。每天早晨和傍晚，到国营奶站打奶的人络绎不绝，有的大家庭一打就是几升。很多印度人的早餐就是一杯茶，再加几块饼干。而印度人喝茶一般是要加牛奶和糖的。在德里的菜市场，还能买到雪白的奶豆腐，吃起来有很浓的奶香味。印度人特别喜欢吃甜食，印度餐最传统的甜食也是用两种奶酪和糖制成的。

只能用右手吃饭。印度人吃饭的方式还保留着某些传统的习惯。虽然在较正式的场合，人们吃饭使用叉和勺，但在家中，用手抓更来得痛快：每人面前摆放一个大盘子，把米饭盛上，再浇上菜和汤，然后用手稍加混合，捏成团，就抓着送进嘴里。在街头的小吃摊、小吃店以及寺庙里，人们通常用一种干树叶压制成的盘子来盛食物，有的餐馆则给每个吃饭的人一片新鲜的大树叶子，用来盛米饭等食物，这倒是很环保。印度人吃饭还有一个规矩，无论大人还是孩子，一定要用右手吃饭，给别人递食物、餐具，更得用右手。这是因为人们认为右手干净，左手脏。这又与印度人的另一个习惯有关。印度人如厕以后，不用手纸擦，而是用水冲洗，冲洗时，用左手，不用右手。在餐馆或印度人家里吃饭，当快吃完的时候，主人往往会给每人端上一小碗温水，上面还漂着一块柠檬，这水可千万不能喝，它是用来洗手的。饭后，还会端上一盘绿色麦粒状的香料，供大家咀嚼，以消除口中的异味。

印度应酬礼节繁多。有合十礼、拥抱礼、贴面礼、摸脚礼、举手礼等，也流行握手礼。印度人迎接嘉宾往往要向对方敬献用鲜花编织而成的花环。印度人以往对等级、地位、身份极其关注。印度特有的种姓制度将人分为四个等级：其一，"婆罗门"，即僧侣；其二，是"刹帝利"，即名门、贵族；其三，是"吠舍"，即平民；其四，是"首陀罗"，即贱民。此外，还有"不可接触的贱民"，叫作"哈里真"。传统的种姓制度广遭非议，但影响犹在。

犹太餐

并非所有的动物都是供人食用的。据《圣经》所述，大自然中存在的动物种类繁多，但并非都是供人类食用的，事实上，只有很少的一部分供人食用。因为人类犯了罪，亏缺了上帝的荣耀，人类已不能仅从果蔬获得足够营养，所以才规定了极少数的动物供人类食用。犹太教根据《圣经》中将动物分成"洁净"和"不洁"的观点，对犹太人的饮食做出了只有被认为是"洁净"的动物方可食用的规定。犹太教把符合犹太人饮食法的动物称为"可食"动物。

不是人人都可以从事动物屠宰。犹太教对屠宰动物的方式有特殊的规定，若宰杀方式不当，即使是"洁净"的动物，其肉也被认为是"不洁"的，不可食用。因此，动物的屠宰只能由经过培训和考试合格的拉比进行。由专职拉比从事的宰杀被称为"礼定屠宰"。"礼定屠宰"的概念规定了屠宰动物的正确方法和合乎犹太教礼仪的有关做法。

禁止食用动物的血。犹太人不允许食用任何动物的血和血制品（被动食用带鳍及鳞的鱼类血液除外，因为这类鱼类通常被认定为可食的，且不需要礼定屠宰）。可食动物经礼定屠宰后的肉，必须用摸盐后熏烤的方法去除肉中的血方可食用。

可同时食用肉类食品和乳类食品。这一原则主要体现在食用肉类食品和乳类食品的时间间隔上和厨房的安排上。符合 Kosher 饮食法的厨房必须由两套便于区分的洗涤池、容器、炊具和餐具组成，分别用于肉类食品或乳类食品加工。

犹太教将食物分为"洁食"和"非洁食"两大类，只有"洁食"可以食用，"不洁食物"则禁止食用。按犹太教教规，谷物、蔬菜、水果都是"洁食"，而牲畜等肉类、禽类和水产类则不尽然。牲畜等肉类中，鲜活偶蹄反刍动物的肉，也就是新鲜牛肉、羊肉和鹿肉等为"洁食"，可食；而分蹄不反刍或反刍不分蹄的如猪、马、骆驼、岩狸、兔子等动物的肉为"非洁食"，禁食。禽类食品中，鸡、鸭、鹅等家禽属"洁食"，可食；而食肉、食腐的猛禽以及鸵鸟、乌鸦、夜鹰等禽类和鸭、鹅以外的水鸟皆属"非洁食"，不可食用。水产类，凡有翅有鳞的鱼类，都可以吃。但无鳍、无鳞、无骨及有壳类的水生动物，如鳗鱼、鲶鱼、贝类等水产品则不可食用。对于昆虫类，《圣经》中也有规定：蝗虫、蚂蚱、蟋蟀类、蚱蜢类可食。然而在正统拉比的鉴定下，则认为所有蠕虫、昆虫、爬虫、节肢动物均不可食，除了蜂蜜。

穆斯林餐

穆斯林的饮食习惯给人们印象最深的是禁食猪肉。其实，他们在饮食上还有其他很多讲究。

在饮食方面，伊斯兰教总的原则是提倡以"清净的为相宜，污浊的受禁止"。其具体规定在历史上也有变化，例如禁酒一项，在伊斯兰教兴起初期，认为饮酒尚有一定好处，鼓励人们用椰枣和葡萄酿制醇酒，并把它视为"安拉的恩惠"。后来，因饮酒妨碍了宗教活动，影响了穆斯林内部的团结，甚至因饮酒而影响了抗敌，《古兰经》才把酒列为禁品。所以，虔诚的穆斯林是不喝酒、不沾酒、不卖酒的。据此，我们在宴请穆斯林宾客时，务必注意不要摆上带酒的饮料，也不要以敬酒的礼仪招待穆斯林。

《古兰经》对饮食方面的禁忌规定是：穆斯林禁止食用自死之物及血液、猪肉以及未诵安拉之名而宰杀的牛、羊、驼、鸡、鸭、飞禽等。还有勒死的、捶死的、跌死的、角牴死的、野兽吃剩下的动物等，也在禁食之列。此外，还禁食驴、骡、马、狗肉和虎、狼、豹、鹰、蛇等凶猛的禽兽，以及其他吃肉食的禽兽等的肉类。

这里说的自死之物，是指没有经过阿訇诵经宰杀的牛、羊和自死的一切动物。认为这些都是"不洁之物"。

穆斯林特别喜爱饮茶，这主要是因为穆斯林喜吃牛羊肉，喝茶可以帮助消化，健胃强身。我国西北地区的回族穆斯林习惯喝盖碗茶。盖碗，是一种有盖的小瓷碗，下面还有个瓷托盘，盖碗茶的配料很讲究，有五香茶、八宝茶、十二味茶等。这种茶除了茶叶以外，还放入各种配料，如白冰糖、红枣、核桃仁、杏子、桂圆肉、芝麻、葡萄干等。泡茶时，用滚开翻花的水泡3分钟后饮用，味浓茶香，清新怡人。喝盖碗茶还有一定的规矩，喝茶时不要掀掉盖子，也不要吃漂在茶上面的茶叶等。而是用碗盖轻轻在茶水面上"刮"几下。然后把盖子倾斜地盖在碗上，慢慢地喝。穆斯林把盖碗茶作为待客佳品。过节日、办喜事、平时家里来客等，都要用盖碗茶来招待。节日里走亲访友，穆斯林们把茶叶和其他配料如糖、干果等作为礼物送人，这叫"茶礼"，男女青年订婚时也送茶礼，称为送"定茶"。

由于生活环境、宗教派别和民族习惯等原因，穆斯林在饮食方面的习惯也有不同。有的因生活在内陆地区，对海里的食物，认为不像鱼的就不吃，包括没有鳞的食物；生活在海边的穆斯林，认为海里的食物都可以吃，例如，我国新疆地区，有的穆斯林不吃虾类，认为它们是"小虫"。而沿海地区的穆斯林则认为虾很鲜美，完全可以吃。对于这些习惯，穆斯林一般抱着互相尊重的态度。只要不违背伊斯兰教的《古兰经》和《圣训》的规定，都相互认可，不作干涉，从而增强了各地区穆斯林的团结。

穆斯林人民比较讲究清洁。在聚居地区，有些人家在厨房门后挂个"吊罐"，以供人们出远门归来，或在喜庆佳节之前作沐浴之用。平时，盥洗多用"汤瓶壶"而不用脸盆，他们认为洗过的水只能往下流，而不能再捧上来反复使用。他们对饮水也非常注意卫生，并有井盖，水桶一般都挂在墙上，并盖上纱布。现在，不少地区的穆斯林已住上了新建的公房，用上了自来水等，但他们讲卫生、重卫生的传统习俗仍成为美谈。

航空公司特色餐食

中华航空公司与东京米其林主厨合作，推出头等舱、商务舱中式套餐，挑选东京米其林China Blue餐厅招牌菜，改良设计后作为中华航空机上前菜，并设计了羊肚菌煲豚肉原汁、沙嗲酱烩香草猪排及苹果薏仁柚香汁等新菜色（见图3-10）。

此外，长荣航空和长安航空还分别推出了Hello Kitty主题飞机餐和"三秦"套餐（见图3-11，图3-12）。

第三章 客舱服务内容

图3-10 中华航空推出的米其林星级主厨餐

图3-11 长荣航空推出的Hello Kitty主题飞机餐

图3-12 长安航空推出的"三秦"套餐

外航餐食

印度翠鸟航空：咖喱鸡、印度烤饼、卷饼和奶油布丁（见图3-13）。

图3-13　印度翠鸟航空餐食

美国达美航空：鲑鱼生鱼片、全麦面包、蛋糕、生菜沙拉、红烧牛肉饭（见图3-14）。

图3-14　美国达美航空餐食

不丹国家航空：麻辣豆腐、面条、水果盘、面包、酸奶（见图3-15）。

图3-15　不丹国家航空餐食

练习题

1. 进行发餐发水模拟训练。
2. 简述特殊餐食服务标准。
3. 简述特殊餐食服务标准。
4. 制作一款鸡尾酒或饮料。

第四节 客舱广播服务

客舱广播服务（Public Announcements，PA）是指乘务员在服务过程中，通过机载广播器传送声音，为旅客提供各类信息的服务。这是一种比较规范的与旅客进行交流的方式，它贯穿于整个航程。客舱广播服务的基本要求是：及时性、准确性、流畅性、情感性。

一、客舱广播服务的重要性

（一）建立良好的沟通桥梁

乘务员合理地运用语言向旅客传达信息能起到消除误会、拉近距离、增进相互了解的作用。客舱是一个特殊的环境，旅客在飞行过程中会想要了解关于航班的各种信息，如机型的介绍、飞行的时长、航班是否异常等。通过广播服务来满足旅客的知情权，体现对旅客的尊重，同时使旅客随时知晓航班的动态，以便在紧急情况下可以更好地协助配合乘务员的工作，这是乘务员和旅客之间沟通的一个重要渠道和桥梁。

（二）体现航班机组成员的专业素质，树立客舱服务品牌形象

客舱广播质量的优劣是体现广播员自身专业素养以及空中服务水平高低的重要组成部分，会直接影响旅客乘机感受以及对航空公司的信赖感。现在国内外许多航空公司都会在空乘招聘面试时加入中英文广播词的考核，考查考生吐字发音是否标准、清晰和流畅。

案例分享：

一次执飞广州—多哈的航班，航班上80%都是中国人，所以要求乘务员在每次英文广播之后都要做一次中文广播。整个航班上只有我和另外一个乘务员是中国人，我因为被安排在厨房工作，所以乘务长把做中文广播的工作交给了另一个中国乘务员。那个乘务员是广东人，当她接到这个任务时显得非常不安，她一直强调自己普通话不好，希望由我来做中文PA。但是乘务长却认为，她是中国人，普通话作为中国人的母

语,讲普通话是起码的要求,所以一定要她来做。登机之后,乘务长在做完一轮英文广播之后,我的这位中国同事开始做中文广播了,一小段广播她念得结结巴巴,不仅吐字发音不准,而且中间不断的停顿。这时一位中国旅客来到后厨找我要水,看到我是中国人,随口对我说:"刚才广播的是什么,是中国人在念吗,我完全听不懂,你们这是什么五星服务?"我竟羞愧得无地自容。

(来源:某国外航空乘务员)

二、广播员的职责

机上广播员由航班乘务员担任,由乘务长指派。广播员除了要从事客舱内的广播服务外,同时也要履行自己岗位负责的区域职责。广播员在航班中按照航空公司规定的内容来广播,向旅客进行中、外文广播。如遇到航班延误、气流影响等特殊情况,应及时用中文、外文广播通知旅客。乘务员在广播时普通话要标准,语音、语调要流畅清晰,速度要适中,不能过急过快,确保能准确清楚地传达给旅客广播的内容(见图3-16)。

机上广播员的职责:

(1)国内航空公司要求广播员必须接受广播员专项培训,经考核合格后才可担任广播员。

(2)乘务长和广播员必须携带《机上广播词》执行航班。

(3)登机后需要测试机上广播器是否处于良好状态。

(4)机上广播员需要根据航空公司规定的广播词内容和程序进行广播,不得随意地修改广播词内容。

(5)广播员需要根据航班不同的情况准确、适时地广播相应情况的广播词。

(6)广播语种应为双语广播,如中文、英文。也可根据航班航线情况增加特殊地方语广播。

(7)特殊情况下,广播员可以根据航班上不同的情况临时组织广播词。

图3-16 韩亚航空乘务员机上广播

三、客舱广播服务的类型

机上广播服务根据内容的不同也会有不同的类型，一般来说分为常规性广播、特殊情况广播、紧急情况广播、海关检疫广播、特别航班广播。

（1）常规性广播一般是在航班正常情况下的客舱广播，比如登机广播、欢迎词、安全演示、起飞降落前的安全检查、餐饮服务、免税品销售、航班到达、中转等。

（2）特殊情况广播一般包括航班取消延误、飞机遇到气流颠簸、寻找医生、联系旅客、推迟到达时间、天气原因回候机厅等候、飞机除冰雪等。

（3）紧急情况广播一般包括航班紧急着陆、海上迫降、客舱灭火、客舱释压等。

（4）海关检疫广播一般包括入境检疫提醒、喷洒药物等。

（5）特别航班广播一般包括专机、包机、节日欢迎词等。

第五节　特殊餐食服务

一、特殊餐食定义

特殊餐食（Special Meal）是指旅客因宗教信仰、年龄、身体状况或其他特殊原因而需要航空公司在其乘坐的航班上提供适合其特殊要求的餐食。每个航空公司所提供的特殊餐食都有所不同，一般的种类有婴儿餐、儿童餐、素食餐、穆斯林餐等。

二、申请特殊餐食规定

（1）旅客申请特殊餐食必须提前在售票点或售票网站申请、预订。

（2）旅客不得临时更改特殊餐食种类。

（3）旅客临时申请特殊餐食时，必须符合航空公司配餐的最短时间规定。

三、特殊餐食发放流程

（一）一般流程

（1）售票点在订座系统中预定好旅客特殊餐食的申请。

（2）订座系统向航食部门发送申请。

（二）如旅客在机场临时申请特殊餐食

（1）值机人员向调度部门提供临时加餐信息。

（2）调度部门与航食部门沟通。

（3）值机人员向旅客确定订单，并填写《旅客特殊服务通知单》将信息交予航班乘务长。

（4）乘务员根据通知单上的餐食内容对旅客进行特殊餐食的服务。

四、机上特殊餐食的服务流程

（1）乘务员在起飞前需要清点验收特殊餐食的数量、种类。

（2）起飞后根据机上旅客名单向已预订特殊餐食的旅客确认餐食种类。

（3）如旅客更换了座位无法确认，需保留餐食待等到旅客询问时再提供。

（4）特殊餐食随客舱餐食服务一起提供给旅客，婴儿餐、儿童餐和犹太教餐需优先于正常餐提供。

五、特殊餐食的种类及服务

（一）年幼旅客餐食

1. 婴儿餐（Baby Meal，BBML）

婴儿餐是适用于2周岁以下的婴儿的餐食。以容易消化的水果或蔬菜的泥状物体为主（见图3-17）。

 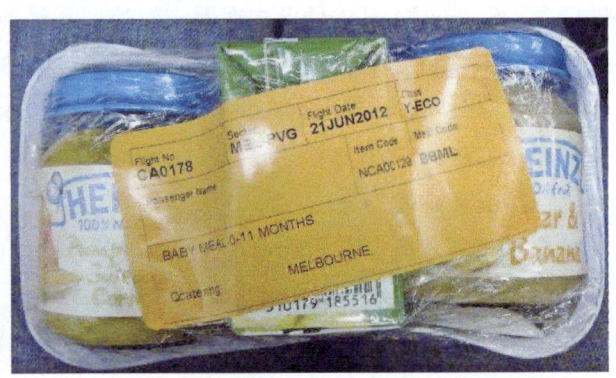

图3-17　BBML

婴儿餐服务要求：

（1）检查有效日期。

（2）瓶盖不可鼓气。

（3）优先于其他旅客提供。

（4）根据客人要求加温餐食。

（5）随餐提供汤匙、纸巾或热毛巾。

2. 儿童餐（Child Meal，CHML）

儿童餐菜肴含有儿童喜欢的食物，避免过咸和过甜制品。通常提供如三明治、意大利面、薯条、水果等柔软、易咀嚼的食物。优先于其他旅客提供。

(二) 宗教类餐食

1. 印度教餐 (Hindu Meal, HNML)

印度教餐是根据印度人的宗教信仰及饮食习惯制作的一种非素食餐食。它不能含有牛肉和猪肉，但可含有鸡肉、鱼肉等其他种类的肉制品。

2. 无根部素食，也叫耆那教餐食 (Jain Meal, VJML/JNML)

无根部素食 (Jain Meal) 来源于印度和美国，是专门为纯素食主义的耆那教徒而准备的餐食。素食不包含肉、禽、鱼、海鲜、蛋、乳制品以及任何在地底下生长的蔬菜和水果，如土豆、洋葱、胡萝卜、姜、蒜等不能用于制作该素食（见图 3-18）。

图 3-18 VJML

3. 犹太教餐 (Kosher Meal, KSML)

犹太教餐是用符合犹太教教规的食材，并按照其规定的屠宰和烹饪方式制作出的食物，该餐"洁净、完整、无暇"。根据犹太人的宗教律法和饮食习惯制作餐食并提供服务。犹太教餐制作完成后完全使用保鲜膜包装密封好再送上飞机。犹太教餐必须在完好无损的餐盘中保存。

犹太教餐服务流程：

(1) 向旅客确定是否预定犹太教餐。

(2) 以密封状态提供给旅客，必须由旅客亲自打开餐食。

(3) 询问旅客是否现在为他加热餐食。

(4) 加热时不能和其他食物一起，需用单独的微波炉进行加热。

(5) 用托盘提供餐食给旅客。

4. 穆斯林餐 (Muslim/Moslem Meal, MOML)

穆斯林餐是根据穆斯林的宗教律法和饮食习惯制作的餐食。穆斯林餐不能含有猪肉，食物需要严格按照伊斯兰教法 (HALAL) 烹饪制作（见图 3-19、图 3-20、图 3-21）。

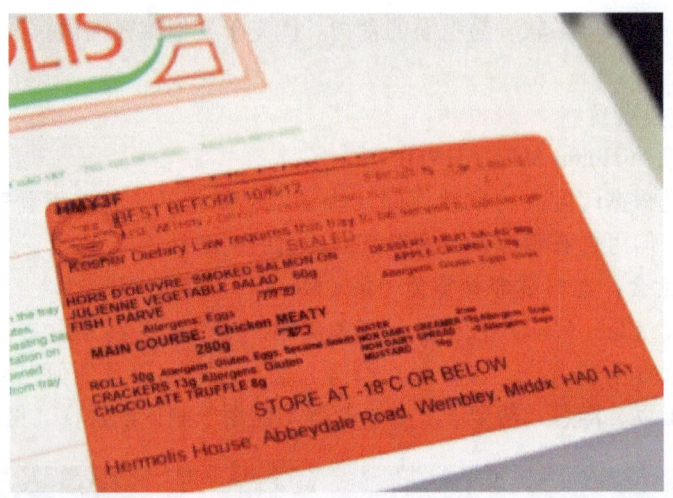

图 3-19　KSML 外观

图 3-20　KSML 密封状态

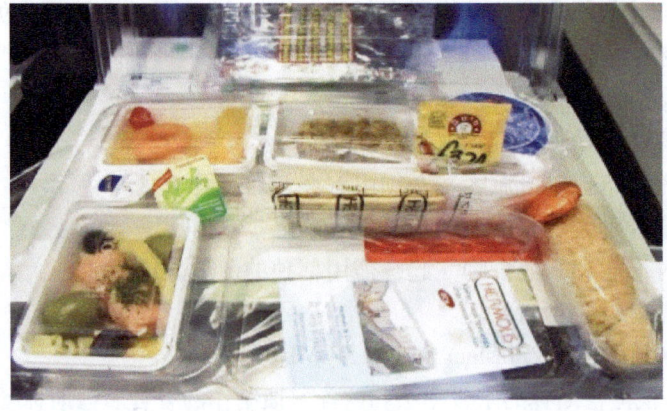

图 3-21　KSML 打开状态

知识拓展：

什么叫 HALAL？

HALAL 即清真，阿拉伯语原意为"合法的"，意思是符合清真法规的、清洁的，泛指与穆斯林清真饮食相关的产品。清真食品不仅仅是指不吃猪肉、驴肉，即使是鸡肉、羊肉、牛肉，宰杀时没有诵经，以真主之名宰杀，都不能算作清真食物。清真食品上一般会贴有或印有"HALAL"的标签，即表示该食物符合伊斯兰宗教教法。伊斯兰教的饮食文化集中体现在《古兰经》中。依据这一穆斯林唯一经典，他们有极其严格的饮食法规，即 HALAL 认证法规。

HALAL 认证又叫"清真认证"，是产品销往伊斯兰国家及地区的必备认证之一。全球有超过 14 亿的穆斯林每天食用清真食品，而那些并不信奉伊斯兰教的人选择 HALAL 食品则是因为它的卫生、纯净和健康。

在北美洲约有超过 800 万的穆斯林。对于穆斯林来说，只要是吃的食物，就必须是 HALAL 认证的，在购买的食品包装显要位置上应有 HALAL 认证标志。

主要的穆斯林国家中，进口食品必须经过 HALAL 认证，其他一些国家也要求 HALAL 认证，以满足穆斯林消费者的需求。

HALAL 认证规定申请之产品或原料必须在较高的清洁和卫生标准下加工、生产和包装。如果产品或原料与任何非 HALAL 物质污染或交叉污染的话，就绝对不能出现在 HALAL 食品的生产过程中，比如，用烹饪过猪肉的锅再去煮别的食物就不能再称为清真食品了。

（三）素食餐

1. 严格素食主义餐（Vegetarian Meal，VGML）

严格素食主义餐完全不包含任何种类的肉及肉制品，也不含有牛奶、乳制品、鸡蛋、蜂蜜等（见图 3-22）。

图 3-22 VGML

2. 东方素食餐，也叫亚洲素食餐（Asian Vegetarian，AVML）

亚洲素食餐使用来自印度次大陆的香料进行调味。东方素食餐可以含有蔬菜、水果、牛奶及乳制品，但不能含有肉类、禽类、鱼、海鲜和鸡蛋等（见图3－23）。

图3－23　AVML

3. 生素食餐（Raw Vegetarian Meal，RVML）

生素食餐为只食用生鲜水果、蔬菜的旅客所提供的餐食。菜单中不含肉、禽、鱼、海鲜、蛋、深加工食品、添加剂和防腐剂，一律不使用加热后的水果、蔬菜、动物性食品、动物加工产品（见图3－24）。

图3－24　RVML

4. 中式素食（Vegetarian Oriental Meal，VOML）

中式素食是用中国方式烹饪制作的含有水果和蔬菜的素食餐，不含有任何种类的肉及肉制品，也不含有牛奶及乳制品（见图3－25）。

图 3-25 VOML

5. 乳蛋素食餐（Western Vegetarian，VLML）

乳蛋素食餐不包含任何肉类及海鲜，但可以含有牛奶、乳制品和鸡蛋，系用西式烹调（见图 3-26）。

图 3-26 VLML

6. 水果餐（Fruit Meal，FPML）

水果餐是配备新鲜水果的餐食，水果种类根据供应及季节而定（见图 3-27）。

图 3-27　FPML

模拟练习：

你是一名乘务员，正在客舱进行餐食服务，一名旅客告诉你他是素食主义者，需要素食餐，可是他并没有提前预订，但是他强烈坚持一定要吃素食餐，你该如何处理？

分析：

通常情况下，航班上的配餐都只会有两种选择，比如鸡肉饭、牛肉面或者猪肉饭、海鲜面等。如果旅客没有提前向航空公司预定特殊餐食，航班上是不会配备的。我们通常都会遇到这种情况，旅客告诉你他要素食餐，但他没有提前预订，可是坚持要吃。旅客提出的这种看似无理的要求通常会让没有经验的乘务员感到手足无措，或者直接回答旅客"我们没有素食餐，确实没有，我也没办法"，导致旅客几个小时的航班都没有饭吃，只能饿着肚子。

遇到这种情况，虽然旅客也有一定的责任，但是作为一名专业的乘务员，我们可以尽力为旅客解决问题。以下几个方法也许会让你在碰到此类问题时不必慌张失措：

（1）首先安抚旅客情绪，不要直接拒绝旅客，告诉他你会尽力去帮助他。

（2）查看机组餐里是否配备有素食餐，如果有，可以和其他乘务员协调，提供机组餐里的素食餐给旅客（通常航班上都会为机组成员额外配机组餐，机组餐的主食有可能和旅客的不一样）。

（3）利用机上现有资源为旅客配备一份素食餐。比如，把多余餐食里的肉类挑出，把多余的蔬菜放进餐盒里，为旅客自制一份素食餐。同时也可以提供水果、面包、饼干等食物给旅客。

（4）满足了旅客的需求之后，需要提醒旅客，下次乘机时可以提前预订特殊餐食。提醒旅客下次提前预订是非常有必要的，这会让旅客意识到自己的责任，更加明确了你积极为他解决问题而不是直接拒绝他的服务意识和专业态度。

（四）医疗/保健类餐食

1. 糖尿病人餐（Diabetic Meal，DBML）

糖尿病人餐是适合于糖尿病人食用的餐食，包含最少量糖，同时均衡提供蛋白质、脂肪、纤维和复合型碳水化合物。

2. 无麸质餐食（Gluten Free Meal，GFML）

无麸质餐食是为麦质过敏的人提供的，不包含面包、饼干、谷物、蛋糕等任何形式的麸质的餐食。

3. 清淡餐（Bland Meal，BLML）

清淡餐的餐食为软质，低脂肪、低纤维，不含刺激性的食材。适合偏好清淡、易消化类餐食的旅客。餐食中的脂肪含量低，可以帮助减轻肠道不适。

4. 低盐餐（Low Salt Meal，LSML）

低盐餐为限制使用含有天然盐分和钠的加工食材，是不添加盐分的餐食。

5. 低热能餐（Low Calorie，LCML）

低热能餐的菜肴包括瘦肉、低脂肪奶制品和高纤维食物，限制脂肪、肉汁与油炸等食材的含量，限制含糖食材。

6. 低脂肪/低胆固醇餐（Low Fat Meal，LFML）

低脂肪/低胆固醇餐使用低胆固醇、高纤维的材料，无油炸或高脂肪食品、动物脂肪、蛋黄、全脂奶制品、贝类、肥肉和坚果。

7. 无坚果类餐食（Peanut Free Meal，PFML）

无坚果类餐食为坚果类食品过敏人群提供，无坚果类餐食不包含花生、无花果等坚果类食品。

知识拓展：

你知道什么叫"果实主义者"吗？

果实主义者相信植物是有感觉的，他们只吃自然死亡的植物果实，比如自然掉下的水果。如果是摘下来的水果，就等于是剥夺了它们的生命。目前航空公司还没有针对果实主义者这类特殊旅客提供的特殊餐食。

练习题

1. 有一名旅客预订了一份犹太教餐食，请问你该如何向他提供犹太教餐食服务？
2. 为什么BBML和CHML餐食要优先正常餐食提供呢？
3. 航班中，乘务员正在客舱发餐，餐食配有主食和蛋糕。一位旅客看到蛋糕上面有黄色的奶油便问乘务员,"这个蛋糕上面的奶油是什么口味的?会不会是芒果味?"因为她对芒果过敏。这位乘务员面无表情地回答她:"我也不知道,你尝尝不就知道了嘛。"请对这位乘务员的服务做出评价。如果是你,你会怎么回答?

第四章 特殊旅客服务

教学目标

1. 了解特殊旅客的定义及基本需求。
2. 掌握特殊旅客的分类及特点。
3. 熟练掌握不同特殊旅客的承运条件及服务要求。
4. 熟练掌握不同特殊旅客的代码简称。
5. 明确关于特殊旅客的相关规定。

第一节 特殊旅客概述

一、特殊旅客的定义

特殊旅客，又称特殊服务旅客，是指在乘坐飞机时由于身份、行为、年龄、身体和精神等状况，在旅途中需特殊礼遇或照料，并符合一定运输条件的旅客，如重要旅客、轮椅旅客、担架旅客、无成人陪伴儿童、老人、盲人、聋人、孕妇等。

二、特殊旅客服务项目

为了方便特殊旅客的出行，解决特殊旅客的困难，各个航空公司都会为特殊旅客提供特别的服务。针对特殊旅客提供的服务项目，主要经由各机场航站楼的顾客服务中心来设立。

常见的特殊服务项目有：

（1）提供轮椅使用服务。为行动不便且未申请航空公司特殊服务的旅客提供免费的轮椅使用。

（2）提供免费手推车运送行李服务。为特殊群体旅客提供航站楼内免费搬运、运送行李服务。

（3）团队残障旅客的团队保障服务。为残障旅客团队提供从登机口到车道边的全程服务。

（4）陪伴服务。

(5) 免费寄存服务。
(6) 广播寻人服务。为有特别需要的特殊群体旅客开展广播寻人服务。
(7) 免费电瓶车服务。为有特别需要的特殊旅客提供免费电瓶车服务。

三、特殊旅客申请服务要求

(1) 乘务员不直接参与接受和处理特殊旅客的申请。

(2) 特殊旅客对服务有特殊要求，需在购票的过程中向航空公司直属售票处和代理售票点提出购票申请和特殊服务要求。由售票处在规定的权限内予以受理。受理权限分为直接出票和申请后出票两类。

(3) 航空公司可直接出票的特殊旅客包括：重要旅客、不需要机上氧气瓶的病患旅客、无成人陪伴儿童、老年旅客、孕妇旅客、婴儿旅客、特殊餐饮旅客、额外占座旅客等。

(4) 航空公司需要向调度部门请示而决定是否出票的特殊旅客包括：需要机上氧气瓶病患旅客、担架旅客、无自理能力/无人陪伴半自理能力轮椅旅客、携带电池驱动轮椅旅客、携带导盲犬/助听犬的盲人/聋哑人旅客、残疾旅客团队超过（含）10人以上、押解运输的犯罪嫌疑人等。

(5) 关于特殊旅客申请服务的具体要求，一般由各航空公司自行规定。因此，在接受特殊旅客运输时，应遵照航空公司的具体规定来处理。

第二节　特殊旅客的类型及服务特点

一、重要旅客

（一）重要旅客概述

重要旅客是指旅客的身份、职务重要或知名度高，乘坐飞机时需给予特别礼遇和照顾的旅客。这些旅客的满意度对航空公司的社会声誉非常重要，也会产生相当大的社会效应。因此，乘务员需要为重要旅客提供高质量、高标准的服务。

（二）重要旅客的范围

(1) 省、部级（含副职）以上的负责人。
(2) 军队在职正军职少将以上的负责人。
(3) 公使、大使级外交使节。
(4) 由各部、委以上单位或我驻外使、领馆提出要求按重要旅客接待的客人。
(5) 航空公司认为需要给予此礼遇的旅客。

(三) 重要旅客分类

1. 非常重要的旅客（Very Very Important Person，VVIP）

（1）我国党和国家领导人。

（2）外国国家元首和政府首脑。

（3）外国国家议会议长和副议长。

（4）联合国秘书长。

2. 重要旅客（Very Important Person，VIP）

（1）政府部长，省、自治区、直辖市人大常委会主任，省长，自治区人民政府主席。

（2）自治区政府主席、直辖市市长和相当于这一级的党、政、军负责人。

（3）外国政府部长。

（4）我国和外国政府副部长和相当于这一级的党、政、军负责人。

（5）我国和外国大使。

（6）国际组织（包括联合国、国际民航组织）负责人。

（7）两院院士。

3. 工商界重要旅客（Commercially Important Person，CIP）

工商界、金融界重要、有影响的人士；中国十大功勋企业家、国内知名企业主要领导等。

(四) 重要旅客服务要求

一般来说，重要旅客有着一定的身份和地位，他们比较典型的心理特点是自尊心、自我意识强烈，希望得到应有的尊重；与普通旅客相比，他们乘坐飞机的机会较多，他们会在乘飞机过程中对乘务员的服务进行有意无意的比较。乘务员在为他们服务时要态度热情，语言得体，落落大方，针对他们的心理需求采用到位的服务和个性化的服务（见图4-1）。具体内容如下：

（1）重要旅客有专门柜台办理值机手续，可额外免费托运行李和随身携带物品。

（2）优先提高舱位等级。

（3）有专门的安检通道和贵宾休息室，并且会有专人陪伴引导送至登机。

（4）登机时，机场工作人员应把《重要旅客服务交接单》递交给乘务长（见图4-2）。

（5）乘务员要热情引导重要旅客入座并为其保管好衣、帽等物品；能根据资料在服务时准确叫出旅客的姓氏，以表示对他们的尊重和重视。

（6）乘务员要根据每位重要旅客的情况，主动、热情、周到地做好机上服务工作。

（7）乘务员在飞行途中要加强客舱巡视，及时满足重要旅客的服务要求。

（8）乘务员安排重要旅客提前或最后登机，优先下机。

（9）重要客乘坐的航班不得押解犯罪嫌疑人、精神病旅客，严禁在该航班上装载危险物品。

（10）重要旅客如需乘坐摆渡车，需提供贵宾车接送服务。

图4-1 客舱重要旅客服务

机组确认VIP旅客信息	有：		无：		日期：
航班号：		航段：			
飞机号：		登机/停机位：		起飞时间/到达时间：	
VIP姓名：		职务：		序号：	座位号：
备注：					
乘务员/签字时间：	/	值机员/签字时间：	/		服务员：

图4-2 重要旅客服务交接单参考样式

二、婴儿旅客

（一）婴儿旅客概述

婴儿旅客（Infant，INF）是指出生14天至2周岁以下的婴儿并在年满18岁的成人陪同下乘机的旅客。出生不足14天的新生婴儿、不足90天的早产婴儿，不能乘机出行。

（二）婴儿旅客承运要求

（1）购票时，必须确认婴儿的年龄，出生14天以下的婴儿乘机，需要出示医生出具的证明其身体条件适合乘坐飞机的证明方可。

（2）婴儿旅客购票票价为成人全票价的10%，乘机时需携带户口本或出生证明。

（3）不同的航空公司根据机型的不同，对每架飞机承载婴儿的数量也会有限制。通常情况下，宽体机最多只能载运30个婴儿，窄体机最多载运20个婴儿。

（4）婴儿不能单独占有座位，需由成人抱着，一名成人最多携带一名婴儿乘坐飞机。

（5）相连的同一排座位上都有旅客时，不能同时出现两个不占座的婴儿。

（6）带婴儿的旅客座位不能安排在紧急出口处，应尽量安排在前排靠过道的座位，方便带婴儿的旅客进出；或者是安排可以安放婴儿床的座位。

（三）婴儿旅客乘机服务要求

刚出生的婴儿因为年龄太小、抵抗力差、呼吸功能不完善等因素，坐飞机可能会出现一些不适，产生哭闹的情绪，也会影响陪同的成人。所以乘务员应该在服务时多关注带婴儿的成人旅客，为他们提供必要的服务和帮助。具体内容如下：

（1）登机时，乘务员应主动帮助携带婴儿的旅客安放好行李物品，提醒旅客将旅途需要用的随身物品取出。

（2）指引旅客入座，介绍客舱的设备，特别是服务铃、卫生间位置和婴儿换尿布的设备。

（3）为带婴儿的旅客提供枕头、毛毯等。

（4）主动为带婴儿的旅客提供专门的安全带（Infant Seat Belt），并介绍使用方法。

（5）航班上如配备婴儿玩具，也需及时提供给婴儿。

（6）飞行途中，为婴儿提供婴儿餐，并随餐提供湿纸巾、勺子等用品。

（7）长途航班中，旅客如有需要，应在起飞后为婴儿旅客安装婴儿床（Baby Bassinet）。切记：婴儿的头部只能朝向内侧，不能朝向客舱走廊。

（8）没有特殊情况，乘务员尽量不要帮助旅客抱婴儿。

（9）尽量不要提供热饮给怀抱婴儿的旅客，如旅客坚持需要，饮料只倒杯子的1/2，待确定旅客拿稳或放稳至小桌板后再松手，并提醒旅客注意飞机颠簸有可能会导致热饮泼洒烫伤婴儿。

（10）提前告知旅客，在起飞和降落时由于气压变化可能会导致婴儿耳部有不适感，可适当用奶瓶给婴儿喂奶或者喂水，可以缓解婴儿的不适感，增加其安全感。

（11）航班飞行中多观察、多询问带婴儿的旅客是否需要任何帮助。

（12）落地后，协助带婴儿的旅客整理好随身携带物品并帮助提拿送下飞机。

知识拓展：

1. 婴儿摇篮

大多数国内航班都不提供婴儿摇篮，部分国际航线和国外航空公司的中长途航班上会提供婴儿摇篮（见图4-3）。

每个飞机由于机型不同，婴儿摇篮座位也是固定在不同舱位的墙上的。起飞之后由乘务员来为带婴儿的旅客安装，并铺上毛毯和枕头。起飞、降落时婴儿摇篮要收起，如飞行途中遇气流飞机颠簸，需告知带婴儿的旅客抱起婴儿。

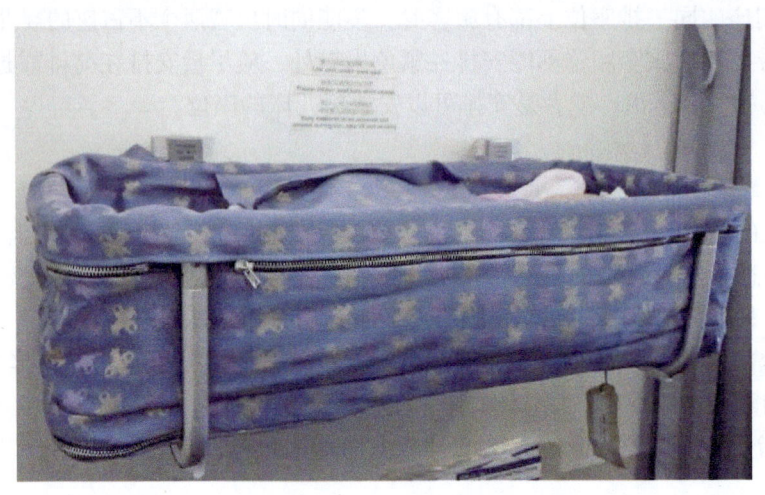

图4-3 婴儿摇篮

2. 飞机起降会对婴儿的听力有损害吗？

成人乘坐飞机时可能会感觉到耳膜不适，婴儿也如此。在飞机起飞和降落时，由于气压增大，有些婴儿会因为耳膜疼痛而哭闹，这时建议给婴儿用奶瓶喂奶或者喂水即可缓解。

3. 婴儿乘机有专门的安全带吗？

婴儿乘坐飞机会有专门的安全带，婴儿安全带需要穿过成人的安全带和成人绑在一起的。起飞降落或遇到飞机颠簸时，婴儿安全带都需要扣紧（见图4-4）。

图4-4 婴儿安全带

模拟练习：

航班飞行途中，一名婴儿哭闹不止，影响了旁边的旅客，旅客向你投诉。作为乘务员,你该怎么办?

分析:

乘务员在航班中经常都会遇到带着婴儿坐飞机的爸爸、妈妈,由于客舱的环境因素,婴儿在乘坐飞机时会哭闹,以至于影响到其他旅客。新闻中经常都有报道旅客之间因为沟通问题而引发矛盾的事件。那么,作为乘务员,遇到旅客向你投诉婴儿哭闹影响到他,你有没有好好想过该怎么和旅客沟通并处理呢?

以下几个小技巧,也许可以帮助你在航班中更好地处理这类事件:

(1) 仔细聆听旅客投诉,安抚旅客的情绪并道歉。

(2) 如果航班有空位,帮助他调换座位;如果航班满仓,不能为他调换座位,可以提供耳机、降噪耳塞、食品饮料、报纸杂志等给旅客,以此安抚他情绪,并告知他会和婴儿的父母沟通,请他理解。

(3) 询问婴儿的父母是否需要任何帮助?如果婴儿饿了,可以提供 BBML;如果婴儿是因为客舱环境或气压导致不舒服,可为他/她打开通风口,但不要对着婴儿;建议父母用奶瓶喂婴儿奶或温水以缓解气压导致的耳膜疼痛;提供玩具给婴儿(如果飞机上有);如果婴儿依旧哭闹,建议父母抱着婴儿在客舱过道来回走动一下。不要给婴儿父母任何压力或责备。

(4) 向投诉的旅客反馈你已沟通协调,并请他谅解。

三、儿童旅客

(一) 普通儿童旅客

1. 儿童旅客的定义

年龄在 2~12 周岁的旅客,称为儿童旅客。

2. 儿童旅客承运要求

(1) 儿童旅客应在成年人的陪同下乘机。

(2) 儿童旅客必须单独占位,不能由成人怀抱着坐飞机。

(3) 儿童旅客的票价为成人全价票的 50%。

(4) 儿童旅客不能被安排坐在紧急出口的座位。

3. 儿童旅客服务

(1) 提供儿童餐食(如有预定)。

(2) 航班如有配备,需提供儿童玩具和图书(见图 4-5)。

(3) 需提前告知父母,飞行途中为了孩子安全,儿童应尽量避免在客舱内奔跑、玩耍。

(4) 起飞、降落和安全指示灯亮起时,儿童旅客需要系好安全带。

图 4-5　阿联酋航空乘务员为儿童旅客提供机上儿童玩具

(二) 无成人陪伴儿童

1. 无成人陪伴儿童的定义

无成人陪伴儿童（Unaccompanied Minor，UM），是指年龄在 5~12 周岁（不包括 12 周岁）的儿童，在没有年满 18 周岁的成人陪同下独自乘机。年龄未满 5 周岁的儿童独自乘机，航空公司不予承运。对无成人陪同的儿童，应在航班中指派一名乘务员对其加以照顾。

2. 无成人陪伴儿童的特点

儿童旅客对一切新鲜事物都具有好奇心、活泼好动，但是无成人陪伴儿童由于独自乘机，所以对陌生的环境、人和事还是会有恐惧感和孤独感。乘务员应该首先打破和儿童之间的疏离感，使其感到亲切，不紧张。还可以站在儿童的角度与儿童旅客交流，满足他们对飞机上新鲜事物的求知欲望，在服务过程中，与他们建立良好的沟通。

3. 无成人陪伴儿童的服务程序

（1）购票。需在购买机票时提出特殊服务的申请，并填写《无成人陪伴儿童乘机申请书》。

（2）出发。

①无成人陪伴儿童在父母或监护人的陪伴下到达机场，机场工作人员需查看《无成人陪伴儿童乘机申请书》。

②填写《无成人陪伴儿童交接单》，内容包括儿童姓名、航班号、目的地、接送监护人的姓名、电话等信息（见图 4-6）。

③机场工作人员分发无成人陪伴儿童标志牌，并协助无成人陪伴儿童完成乘机手续，其座位应尽量安排前排靠过道座位，不能安排在紧急出口。

④机场工作人员陪同无成人陪伴儿童通过安全检查，登机并送达上飞机交接给乘务长，无成人陪伴儿童的交接单以及乘机证件也需一并交由乘务长保管。无成人陪伴

至(TO)		售票服务处(OFFICE CEA)	
儿童姓名(NAME OF MINOR)		年龄(AGE)	
(包括儿童乳名 INCLUDING NICKNAME)		性别(SEX)	
航程(ROUTING)		日期(DATE)	

航班号 FLT NO.	日期 DATE	自 FROM	至 TO

航站 STATION	接送人姓名 NAME OF PERSON ACCOMPANYING	地址电话号码 ADDRESS AND TEL NO.
始发站 ON DEPARTURE		
中途分程站 STOPOVER POINT		
中途分程站 STOPOVER POINT		
到达站 ON ARRIVAL		

图4-6 无成人陪伴儿童交接单参考样式

儿童可安排优先登机。

⑤乘务长须检查无成人陪伴儿童的乘机证件和机票，并查看儿童胸前是否挂有无成人陪伴儿童标志牌。

（3）航班中。

①航班中需要指派一位乘务员照顾无成人陪伴儿童，并向无成人陪伴儿童做自我介绍。

②确认无成人陪伴儿童的座位不在紧急出口。

③尽量不提供热饮。

④提供儿童餐（如有预定）。

⑤可提供玩具、图书等娱乐产品（如飞机上有）。

⑥航班飞行途中，乘务员需对无成人陪伴儿童进行观察和不定时的询问、照顾。

⑦下飞机前，乘务员需告知无成人陪伴儿童落地后需坐在座位上等候，待乘务员陪同方可下机。

（4）过站服务。

①无成人陪伴儿童乘坐的航班如果是在中途需短暂停留的经停航班，无成人陪伴儿童可安排在飞机上，由乘务员在飞机上照顾，不可下机。

②如果航班停留时间较长，乘务长与经停站机场工作人员交接，经停期间由机场工作人员照看。在航班离站前，由机场工作人员将无成人陪伴儿童交接给乘务长。

③如航班发生备降或在航班中途站更换机组，上一班的乘务长应保证无成人陪伴儿童的资料及证件转交给下一班乘务长。

（5）到达。

①到达目的机场之后，乘务长应将无成人陪伴儿童、交接单及乘机证件一并移交给机场工作人员负责。

②机场工作人员需陪同无成人陪伴儿童，将其送至到达厅并亲自交给接机的监护人。交接时需要检查监护人的证件，确认无误才可交接，并请监护人签字。

③如没有人来接无人陪伴儿童，机场工作人员需通知无人陪伴儿童的父母或其监护人或进行广播，并照顾无成人陪伴儿童直到监护人到达（见图4-7）。

图4-7 客务员陪同无人陪伴儿童

案例分享：

随着暑假的到来，无成人陪伴儿童乘机呈上升趋势。国航天津分公司地面服务部根据暑运保障的特点，积极采取有效服务措施，提出六点服务要求，做好无成人陪伴儿童的保障服务工作。

第一，在开柜前，值班主任在柜台准备好充足的无成人陪伴儿童专用文件袋。第二，值机员提前查询好航班里的无成人陪伴儿童名单，预留好前排位置，方便乘务员照顾。第三，认真检查和复核《无成人陪伴儿童运输申请书》，尤其是目的站接机人的姓名、电话、身份证号码。第四，在系统里备注好送机人的联系方式，有任何情况第一时间联系家长。第五，值机员与登机口服务人员保证交接顺畅，做到万无一失。第六，航班延误时，第一时间通知送机人，航班取消时，协助无成人陪伴儿童和家人办理改签手续。

7月1日是暑运第一天,在航班高峰时段,国航值机柜台同时迎来了7位无成人陪伴儿童。值机员有条不紊、认真地检查每一位的证件和申请书,仔细核对接机人的信息。值班主任获知消息后也赶到现场,对资料进行复查,帮助家人登记信息,陪同小朋友一起等待服务人员的迎接。7位小朋友在柜台前站成整齐的一列,不一会儿已经和工作人员熟络起来,一位来自香港的小朋友说:"阿姨你们好,我今天自己去深圳!我能背我妈妈的电话号码,我妈妈的电话是……"孩子的姥姥、姥爷笑着说:"孩子特别活泼开朗,这一路就拜托你们了。"看着可爱的小朋友和亲切的家长,服务人员深感旅客的信任,认真地说:"您放心,我们一定会好好照顾他!"

(来源:民航资源网 2017 – 07 – 05)

四、孕妇

由于飞机在空中可能遇到气流的变化而产生颠簸,尤其起降过程中,气流颠簸尤为剧烈,这对正常人一般无碍,但对于孕妇来说却相当危险。另外,飞机客舱是一个氧气和气压相对稀薄的密封空间,孕妇乘坐飞机可能会产生不适症状,尤其是对健康状况不稳定的孕妇来说,更加危险。因此,各个航空公司都对孕妇乘坐飞机制定了专门的运输规定,必须经过航空公司同意,并事先做出安排。只有符合运输规定的孕妇,航空公司才可以接受其乘机要求。

(一)孕妇旅客承运要求

(1)怀孕不足32周的健康孕妇,除医生诊断不适宜乘机外,航空公司可按普通旅客接受。但是旅客需要带好产期证明,证明自己孕期在32周以内。

(2)怀孕超过32周(含32周)但不超过36周的健康孕妇,必须提供县级以上医疗单位出具的有"适宜乘机"字样的诊断证明书方可乘机。诊断证明书需要包含:旅客姓名、年龄、怀孕时期、预产期、是否适宜乘机等。诊断证明书应在乘机前按照航空公司要求的时间内开具,而且须在航空公司售票处提出申请。

(3)怀孕超过36周(含36周)的孕妇,航空公司不予承运。

(4)预产期临近但无法确定准确日期,已知为多胞胎的或预计有分娩并发症的孕妇,航空公司不予承运。

航空公司对孕妇搭乘飞机的限制或规定,既是出于对孕妇及胎儿安全的考虑(孕妇在飞行途中容易发生早产、流产、胎儿宫内缺氧等意外事故,而飞机上缺乏相应的医疗设备),同时也是为了维护其他旅客以及航空公司的利益。例如,如果孕妇乘坐飞机在飞行中出现临产现象,出于安全考虑,飞机必须备降至最近的机场,这就会造成当次航班的延误,甚至影响后续一系列航班,同时影响众多旅客的出行,也会给航空公司带来巨大的经济损失。

案例分享：

乘机出行的孕妇为了旅途的安全与顺利，出门前一定要记得先到医院做检查，然后开具可乘机证明才可乘机。据南航珠海公司统计，从 2017 年 7 月以来，已有 20 余位不明就里的准妈妈由于没有医院开具的可乘机证明，到达机场后又无奈取消行程。

8 月 8 日早晨，准妈妈祝女士来到珠海机场，计划搭乘今天早上 CZ3767 航班飞往贵阳。当工作人员问及旅客是否有医院诊断开具的可乘机证明时，祝女士一脸茫然，全然不知孕妇乘飞机还需要医院证明。

南航工作人员说，虽然这位旅客声称怀孕只有 35 周，但由于没有医生证明，为了慎重起见，她立刻引导祝女士去机场医疗急救站进行检查，结果显示祝女士已经怀孕 36 周多 4 天了。由于孕期超过了民航规定的不允许乘机的 36 周，考虑到祝女士的人身安全，现场工作人员婉拒了祝女士的乘机要求。祝女士无奈只能退票，取消行程。

无独有偶，仅过半小时，工作人员又发现了另外一位准妈妈：乘坐 CZ3845 航班前往海口的郑女士。不同的是，郑女士早已"做足功课"，带着医院开具的适宜乘机证明并顺利办好手续，登上了飞机。

（来源：南航珠海公司 www.cnair.com）

知识拓展：

每个航空公司对孕妇的承运要求是不一样的

其实各个航空公司在对于孕妇的运输规定上都有一些区别。例如，中国国际航空公司对于怀孕满 35 周（含 35 周）以上的孕妇就不接受承运了。而香港国泰航空公司在孕妇乘机要求上也非常严格，明确规定所有怀孕的旅客都要随身携带注明预产期的证明文件。同时规定怀有单胎的孕妇可在怀孕期满 36 周前搭乘航班；怀有多胎的孕妇在满 32 周后则不能上机。如胎儿生长情况较为特别，孕妇乘机前须先得到国泰航空医学小组允许，才可以搭乘飞机。孕妇及其主诊妇科医生须填妥《旅客健康证明书》，并在航班离开前最少 48 小时递交申请，取得国泰航空医疗部的批准后才可搭乘航班。

同时，医生开具的证明内容需包括：孕妇是怀有单胎还是多胎、预产期、孕妇的健康状况是否良好和胎儿生长情况是否正常及没有特别的状况、主诊医生或助产士没有提出任何不适宜孕妇飞行的理由、孕妇适合乘坐客机。

（二）孕妇旅客服务

（1）孕妇旅客登机时主动帮助提拿行李物品。

（2）座位不能安排在紧急出口，应尽量安排客舱前排的座位。

（3）座位应尽量安排在过道的座位，方便孕妇旅客起身活动和上卫生间。

（4）提供小枕头和毛毯给孕妇旅客。

(5) 告知孕妇旅客安全带不要系在腹部，应系在大腿根部位置，这样可以减少飞机颠簸撞到腹部的机率。

(6) 飞行途中随时了解情况，多给予照顾。

(7) 可以让旅客在飞机上飞行平稳时在客舱走动一下，让下肢血液循环畅通，也可以定时做一些简单的运动，如活动双肢、转转脚踝。

(8) 航班到达后，协助孕妇旅客下机。

(9) 如遇到孕妇在空中要分娩，应立即报告机长。乘务员应将孕妇安排在与客舱隔离的位置，如厨房位置，并在旅客中寻找医务人员请求协助分娩。

五、轮椅旅客

（一）轮椅旅客的概述

轮椅旅客是指需要乘坐轮椅的病人或伤残旅客。轮椅旅客根据自身不同的情况，可以分成三种：WCHR，WCHS，WCHC。

（1）WCHR（WCH：Wheelchair 轮椅；R：Ramp 停机坪）：旅客可以在没有轮椅的情况下自己上下飞机，并在机舱内可以自己走到座位上。

（2）WCHS（WCH：Wheelchair 轮椅；S：Step 台阶）：旅客不能自行上下台阶进入飞机，但在机舱内能自己走到座位上。

（3）WCHC（WCH：Wheelchair 轮椅；C：Cabin 客舱）：旅客完全不能自己走动，需要人抬进客舱的座位上。

（二）轮椅旅客的承运要求

（1）需要轮椅的旅客在购票时向航空公司提出申请，航空公司可以提供上下飞机及过站航班的轮椅服务。

（2）轮椅旅客不能安排在紧急出口的座位。

（3）为了方便轮椅旅客，座位应尽量安排在客舱前排，不能安排另一位轮椅旅客坐在相邻的位置。

（三）轮椅旅客服务要求

（1）乘务长要和地面人员做好《特殊旅客服务需求单》交接工作（见图 4-8）。

（2）轮椅旅客登机应最先上飞机，最后一个下飞机。

（3）轮椅旅客登机，乘务员应协助旅客入座并安放好行李。

（4）告诉旅客卫生间的方向和位置，如有需要，协助旅客进入卫生间。

（5）飞行途中需多观察，多询问旅客的需要。

（6）下机时，乘务员应告知旅客需最后离开，并协助旅客下机。

（7）航班到达后，乘务长应和地面特殊旅客服务人员进行交接工作。

特殊旅客服务需求单			
（担架旅客、轮椅旅客（WCHC）、孕妇旅客（32周≤孕期＜36周）、患病或肢体病伤的旅客、吸氧旅客、押解犯罪嫌疑人、）			
尊敬的旅客朋友： 为了给您提供更好的服务，请您详细填写以下内容，在您需要选择的服务项目"□"内打"√"。			

		姓名		性别		年龄	
A	个人信息	航班日期		航班号		电话	
		始发站		经停站		到达站	
		证件类型		证件号码			
		地址					
B	轮椅服务	(1)在机场是否需要轮椅服务？ 　否□　是□		□完全无法行动，在客舱座位就座或离开时同样需要帮助（WCHC）		
		(2)是否携带自有轮椅旅行？ 　否□　是□		□手动轮椅 □机械轴环式（WCMP）	□在值机柜台进行托运； □希望使用自有轮椅到达登机口，在登机门办理托运； *目前客舱内无法放置旅客自有轮椅，敬请谅解。	
				□电动轮椅	□携带可溢出液体电池驱动轮椅（WCBW）； □携带密封式无溢出电池驱动轮椅（WCBD）；　　*电动轮椅装入货舱所需要时间较长，因此请您于航班起飞90分钟前到值机柜台进行轮椅托运。	
		(3)您是否需要客舱轮椅服务？　否□　　是□			
C	引导服务	(1)海航在始发地服务人员引导您到达登机口。			
		(2)如您乘坐中转航班，海航地面服务人员将引导您到达中转航班登机区。 请告知您中转航班号_____起飞时间_____			
		(3)目的地海航地面服务人员迎接您，协助您领取托运行李，引导您至到达厅出口。			
D	担架	担架是否需要机上担架？（需要陪护人员和医疗诊断证明书）否□是□			
E	氧气设备	(1)是否需要携带便携式呼吸辅助设备并在飞行途中使用？否□是□			
		(2)便携式制氧机型号：			
		(3)重量(kg)：			
		(4)尺寸：			
F	陪护人员	(1)姓名：　年龄：　性别：□医生□护士□其他（　）			
		(2)姓名：　年龄：　性别：□医生□护士□其他（　）			
		(3)姓名：　年龄：　性别：□医生□护士□其他（　）			
说明：此单一式四联，无碳式复写。第一联为出票联，由售票处留存；第二联为值机联，始发站值机单位留存；第三联服务联，始发站特殊旅客地面服务人员交至航班乘务长处，乘务长在航班到达后，将此服务联交目的站特殊旅客服务人员留存；第四联为旅客联。			

图4-8　特殊旅客服务需求单参考样式

六、担架旅客

（一）担架旅客概述

担架旅客（Stretcher Passenger，STCR）是指旅客在飞机起飞至降落的整个航行过程中无法以直立姿势坐于座位上的旅客。担架旅客可以向航空公司申请担架服务。

（二）担架旅客承运要求

（1）担架旅客需要医院出具适宜乘机的医疗证明，说明旅客可以在没有医疗协助的情况下安全完成航空旅行。

（2）担架旅客需要安排至少1名年满18周岁的成年人或医务人员陪伴同行。

（3）每个航班对担架旅客都有一定人数的规定：窄体机只能收运1名担架旅客，宽体机最多只能收运2名旅客。

（三）担架旅客服务

（1）需安排担架旅客最先上机，最后下飞机。

（2）需安排担架旅客坐在经济舱最后三排的位置，旅客头部需朝向机头方向，系上安全带，拉上帘子。

（3）航程中根据医务人员或陪同人员的要求提供餐饮服务。

（4）飞行中注意观察，多询问。

（5）起飞、降落和安全指示灯亮起时，检查担架旅客是否系好安全带。

（6）到达目的地时，协助旅客整理物品，需安排担架旅客最后下机。

七、盲人旅客

（一）盲人旅客概述

盲人旅客（代码 BLIND）是指双目失明的旅客，每个航班允许有1名携带导盲犬的盲人旅客或2名不带导盲犬的盲人旅客乘机。航空公司应允许导盲犬在航班上陪同具备乘机条件的盲人旅客。

（二）盲人旅客承运要求

（1）盲人旅客需在购票时向航空公司提出申请，并出示导盲犬的身份证明和检疫证明。

（2）盲人旅客乘机时应在登机前为导盲犬带上口套并系上牵引绳索。

（3）客舱中，导盲犬不得占用座位，不得让其任意跑动，必须停留在主人的身边。

（4）盲人旅客的座位不能安排在紧急出口处。

（三）盲人旅客服务要求

盲人旅客虽然有特殊困难，内心急切需要别人的帮助，但是他们一般自尊心极强，不会主动要求乘务员帮忙，总是会显示他们与正常人无多大区别，不愿意别人讲他们的缺陷等。所以乘务员在对待盲人旅客时要特别注意尊重他们，时时关注，悄悄帮助，用心关爱。具体的服务方法如下：

（1）应尽量安排客舱前排靠过道的位置，以方便盲人旅客进出座位。

(2) 登机时主动上前搀扶，让盲人旅客扶住自己手臂并告诉他可以通过数座位排数的方法来确定自己的位置，协助旅客找到座位。

(3) 协助盲人旅客安放好行李或拿出随身携带物品。

(4) 向盲人旅客做自我介绍，并介绍安全带的使用方法，紧急设备的方向、位置，厕所的方向及位置。

(5) 带盲人旅客触摸服务设备的位置，并教会他使用。

(6) 如盲人旅客带有导盲犬，将导盲犬放在旅客座位前面，导盲犬必须带上口套。

(7) 飞行途中协助盲人旅客移入或移出座位。

(8) 飞行途中协助盲人旅客做就餐准备，如把食物位置告诉盲人旅客，帮助其打开餐盒盖、餐具包，也可让盲人旅客触摸食物（触摸热、烫食物需要先提醒）；为盲人旅客提供饮料时，倒杯子的1/2，递送时确认旅客完全拿稳后再松手。

(9) 飞行途中，同性乘务员可陪同盲人旅客上卫生间，介绍卫生间使用方法，让其触摸洗手间的设备。

(10) 航班到达后，协助盲人旅客下机。

案例分享：

东航西北分公司MU2319航班一次从西安经井冈山飞往深圳，在登机过程中，乘务长发现有一位戴着墨镜摸索着登机的旅客，仔细询问后得知，年轻的姑娘是一位盲人，由于是联程航班，无法申请特殊旅客服务，便自己拿着行李听着广播摸索着登机了。乘务员主动接过了她的行李并让她扶着自己的胳膊引导她入座，告诉她安放好的行李位置后，再帮助她触摸安全带、呼唤铃、通风口、救生衣、氧气面罩的位置，并介绍使用方法以及应急出口的方向。

飞行途中，乘务员进行餐饮服务时详细地向盲人姑娘介绍餐食和饮料，将餐食里的食物品种和饮料的摆放位置帮助她触摸到位。乘务长巡舱时关注着她的需求，询问她是否需要使用洗手间，并引导和搀扶她进出洗手间，手把手地让她触摸洗手间内设施，一一讲解使用方法，关门时告诉她不用担心，有什么需要自己就在外面。

航班经停时，乘务长向机长申请将盲人姑娘留在机上等待。期间，乘务员注意到她紧锁眉头，主动上前询问，原来她把落地时间记错了，担心在深圳接她的家人着急，乘务员贴心地帮助她给家人打电话确定落地时间，并让她的家人不要担心，乘务组会照顾好她的。

飞机平稳地降落在深圳宝安机场，乘务组在空中请机长为旅客申请的特服人员在飞机门口接过了盲人姑娘的行李，下机前她紧紧地握着乘务长的手表示感谢。道别时，乘务员听到一名旅客对她的外国友人说了一句"Our flight attendants is very nice"，这样的肯定让乘务组全体成员从内心深处感到了极大的欣慰。

（来源：民航资源网 2016-07-28）

八、聋哑旅客（DEAF/DUMB）

聋哑旅客服务要求有：

（1）聋哑旅客独自乘坐飞机，乘务员应用书写和借助肢体语言做自我介绍。

（2）入座后，乘务员应向聋哑旅客介绍客舱安全设备的使用方法；可以用书面形式或面对旅客放慢说话速度，同时借助肢体语言来表达。

（3）进行餐饮服务时，可用书写或肢体语言的方式询问旅客的用餐选择。

（4）每一次广播后，乘务员都应采用书面或手语形式再次告知聋哑旅客广播内容。

九、精神失常的旅客

精神失常旅客服务要求有：

（1）在起飞前发现精神有异常的旅客，要了解其是否有乘机经历，并报告乘务长和机长。

（2）在飞行中发现精神有异常的旅客，要立即报告给乘务长和机长，并做好防范措施。

（3）乘务员需轮流看护，与其聊天并稳定情绪，将其调到离紧急出口较远的位置。

（4）如其行为严重影响其他旅客和航班安全，经机长同意，可用机上塑料手铐控制。

案例分享：

有一次在飞往斯里兰卡的国际航班上，在飞行途中，一名旅客跑到后舱厨房来投诉，他旁边的一位女性旅客疯疯癫癫地大哭大闹。我立即让其中一位同事去将情况报告给乘务长，然后自己去客舱了解情况。

我试着和这位哭闹的旅客交流，询问她的情况并想要安抚她，可是她听不懂英语，她是斯里兰卡人。于是我向航班上会说英语的斯里兰卡旅客寻求帮助，希望他们可以帮忙翻译。很快，一位斯里兰卡旅客上前帮忙翻译，我们才得知这位旅客因为是第一次坐飞机，很害怕，所以导致精神有点失常，她大哭大闹地想要下机。我们打开通风扇，为她提供饮料、点心，努力舒缓她的情绪。

但是她的情绪已经失控，突然大叫着起身在客舱内不停奔跑，最后直接在客舱内大小便，她的行为已经严重影响到其他旅客以及客舱安全。我们立刻向机长汇报此事，得到机长许可，用机上塑料手铐控制住她，给她调换到远离紧急出口的座位，并帮她系上了安全带。我们乘务员轮流坐在她旁边观察、照顾她，直到最后飞机平安降落。

十、酒醉旅客

（一）酒醉旅客概述

由于受酒精、麻醉品或其他毒品影响，明显会给其他旅客或者航班带来不良影响的人，属于酒醉旅客，航空公司可以拒绝其登机。旅客是否属于酒醉旅客，可以根据旅客的言谈和举止判断。

（二）酒醉旅客服务要求

（1）如在飞行途中遇到酒醉旅客，需报告乘务长及每个乘务员，在航班中注意观察这位旅客。

（2）同时可以采取4D'S步骤法（见图4-9）。

①Delay（推迟）：拖延酒水服务的时间。

②Dilute（稀释）：如旅客不停催促，可以在酒里多加冰和水，通过稀释减少酒精含量。

③Distract（使分心）：和旅客聊天，推荐他看电影、杂志，提供饮料、点心来使他分心。

④Deny（拒绝）：如果乘务员明显感到旅客酒醉严重，可拒绝提供酒水服务。

（3）如果酒醉旅客的行为举止失控，严重影响到其他旅客或航班安全，乘务员可用塑胶手铐限制其行动。

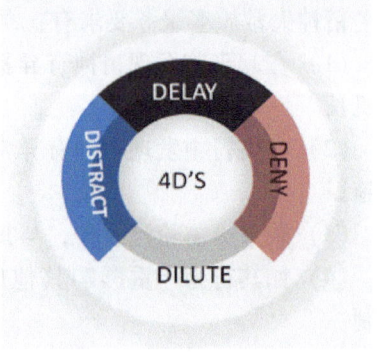

图4-9　4D'S步骤法

国际航空运输协会IATA发布过《不妥行为旅客预防与处理指南》，指出如果航空公司判断旅客的酒后行为影响到了飞行安全，可以拒绝其登机或采取其他强制措施。

案例分享：

案例一

2013年1月4日，在冰岛航空一架从冰岛飞往纽约的航班上，一名男性旅客醉酒后开始不能控制自己的行为，对乘务员和旅客言语不敬，大吵大闹，说飞机要坠毁。于是机上旅客协助乘务员对其采取了强制措施。如图片所示。

案例二

在2016年俄罗斯航空某次航班上，一名旅客因为醉酒在飞行途中的行为严重影响到了其他旅客，机长不得不走出机舱来解决问题。据英国《每日邮报》报道，机长在试图劝说这位醉酒的旅客冷静下来、回到自己的座位上时，他却大声指责，一拳打在了一名乘务员的脸上。旅客纷纷帮助机组人员，试图控制住这名旅客，并用胶带将其双手绑在身后。飞机在莫斯科着陆后,这名醉酒旅客被警方逮捕拘留,他面临的将是指控和监禁(见图4-10)。

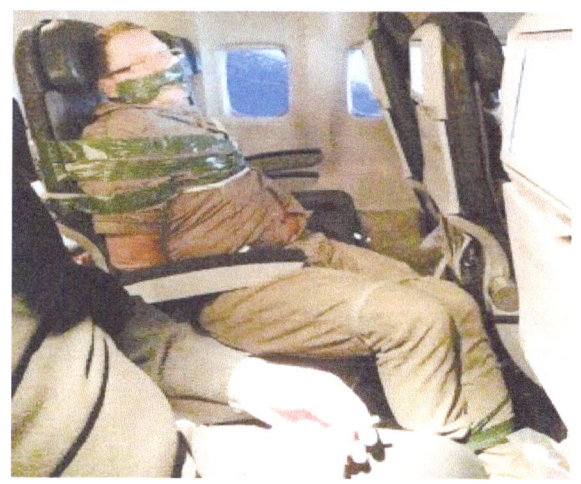

图4-10 被乘务员采取强制措施的旅客

十一、被遣返回国的旅客

被遣返回国的旅客一般分为两种:被押运遣返的旅客,即在押送人员陪同下乘机;无押运遣返旅客,即无须专门的押送人员陪同乘机。

(一)被押运遣返的旅客

被押运遣返的旅客通常是指押解犯罪嫌疑人(Deported Accompanied,DEPA)。

1. 押解犯罪嫌疑人的承运要求

(1)公安机关押解犯罪嫌疑人,一般不准乘坐民航班机。确有特殊情况需要押解的,须由押解所在地公安机关报请民航局公安局批准同意,并由省、市级(含)以上公安部门出具押解证明,方可接受押解运输。

(2)押送人员对犯罪嫌疑人在航班飞行途中的行为负全部责任。

(3)运输犯罪嫌疑人只限在运输始发地申请办理定座购票手续。

(4)犯罪嫌疑人及押解人员仅限于乘坐经济舱。

(5)在有VIP、VVIP的航班上,不得载运押送犯罪嫌疑人。

(6)在飞行途中,押送人员应当为犯罪嫌疑人戴上手铐并做伪装。

2. 押解犯罪嫌疑人服务

(1)犯罪嫌疑人的座位应安排在客舱的最后一排,如果是宽体机,应安排在最后一排的中间座位。

(2)飞行途中,乘务员不能为犯罪嫌疑人提供金属器皿和含有酒精的饮料。

(3)犯罪嫌疑人应该最先登机,等所有旅客离开后再下机。

（二）无押运遣返旅客（Deported Unaccompanied，DEPU）

无押运遣返旅客不需要专人押送，但是会在专人陪同下登机，并且所有乘机有效证件由机场工作人员交给乘务长保管，在下机时再转交给机场工作人员。

十二、可不接受的旅客

可不接受的旅客通常是指因为证件不符而被拒绝入境的遣返旅客（Inadmissible Passenger，INAD）。

可不接受的旅客一般有两种类型：
(1) 没有签证或者因为护照、签证过期而被遣送回国的旅客。
(2) 护照或者签证作假而被遣送回国的旅客。

十三、老年旅客

老年旅客由于年龄较大，心理寂寞，孤独感强。同时，老年旅客通常通情达理，更容易理解乘务员，只要真诚服务、体贴入微，就能让他们满意。

老年旅客更加关心航班的安全，因此服务老年旅客时要细致；与老年旅客讲话语速要慢，声音要略大，要主动关心他们需要什么服务，洞察并及时满足他们的心理需求，尽量消除他们的孤独感和乘坐飞机的不安情绪。

十四、超胖旅客

超胖旅客座位不能安排在紧急出口，需要提供延长安全带给旅客。

知识拓展：

你见过带鹰隼坐飞机的特殊旅客吗？

鹰隼是阿拉伯国家的一种中小型猛禽，翅膀尖长，尾长而灵活，飞行灵活而迅速，具有锐利的嘴和趾爪，嘴勾多有一个适合撕裂猎物的齿突，脸上通常有深色斑纹，中东地区的富豪们曾把拥有鹰隼的数量和级别作为自己权力和财富的象征（见图4-11）。

图4-11 阿拉伯乘客携带鹰乘坐飞机

第四章 特殊旅客服务

每个航空公司对每架飞机上鹰隼的数量有不同的规定，鹰隼只能安排在经济舱的座位上，而且鹰隼的机票价格也并不便宜。鹰隼坐飞机需要带上眼罩，座位要用塑料布铺上，并且要远离紧急出口，旅客需要携带有效的鹰隼健康证件。如遇到航班紧急情况时，鹰隼需要被关在没人的厕所里。

总结：

特殊旅客之所以被称为特殊旅客，是因为他们有和常人不一样的地方，在某些方面需要给予特殊的照顾。特殊旅客一方面不愿意给别人增添麻烦，另一方面也不愿意在公众场合表现出和常人不一样，自尊心非常强。所以我们在服务特殊旅客时，一定要细心观察他们的需求，把握好分寸和度，要留给特殊旅客充足的面子，不要过度热情，让他们产生自卑情绪。

练习题

1. 谈谈你眼中的特殊旅客。
2. 特殊旅客为什么在上下飞机时要遵循一定的顺序？
3. 为什么航空公司在承运特殊旅客时，需要填写交接单据？
4. 为什么怀孕超过 36 周的孕妇不能坐飞机？
5. 为什么要将遣送回国的旅客安排在最后一排的中间位置？
6. 一位妈妈独自带着婴儿乘机，作为航班乘务员，你能为她做些什么？
7. 你在客舱门迎客，发现一位旅客登机时身上有明显的酒气，作为本次航班的乘务员，你会怎么做？
8. 航班中有一名无成人陪伴的儿童，在飞行途中，乘务员小李为了使这位儿童能坐得舒服宽敞点，主动把座位给他换到了紧急出口的过道位置，并且还提供了小玩具和图书给他。在发餐时，这位儿童说想喝咖啡，小李很热情地提供了咖啡并且叮嘱他小心烫，千万不要打翻。在整个航班中，小李都为这位儿童提供了非常细心的服务和照顾。请问，在整个服务过程中，你觉得小李有什么地方是做得不对的？

第五章　机上娱乐设施

1. 了解机上娱乐系统的发展过程。
2. 了解娱乐系统的使用方法。
3. 了解并掌握机上报纸、杂志的种类，摆放及发放方法。

第一节　电子娱乐系统

在世界航空运输业竞争异常激烈的今天，航空公司已经意识到各类旅客的需求是不同的，既要提供低成本的飞机服务给普通旅客，迎合他们低价格的需求，同时也要提供更舒适、更全面的服务满足商务旅客的需要。于是，飞行娱乐系统出现了，并且正日益受到航空公司和旅客的重视。

如今，经常搭乘飞机旅行的人似乎已经对机载娱乐系统（In-flight Entertainment System，IFE）的使用习以为常。事实上，无论是高端的干线航空公司，还是某些中小型的低成本航空公司，都在想方设法帮助旅客打发几个小时甚至十几个小时的枯燥飞行时间。IFE 伴随着工业革命、信息革命一起发展，从简单的荧幕电影播放进入了互联网接入时代。在航空业竞争愈发激烈的今天，对于骨干型航空公司而言，对 IFE 方面进行科学的配置，最大化地满足不同层次的旅客的需求，将 IFE 从成本中心转化成利润中心，以旅客需求为导向、以科技发展为导向的设计方式将使航空公司受益匪浅。

一、机上娱乐技术发展

1921 年，海空航空（Aeromarine Airways）首次在飞机内为旅客放映了电影《你好，芝加哥》，该短片为风城芝加哥做宣传，邀请人们前往芝加哥。然而，时隔 40 年后，机上娱乐系统才真正成为商用航空的主要产品；定期在飞机上安排播放电影这一举措始于 1961 年。

当时，机上电影采用的是老式放映机，电影是无声黑白的，后方旅客的目光只能越过前方旅客的头顶才能到达机舱前部闪烁的屏幕。

1988 年是商用航空史上的又一具有重大里程碑意义的一年。这一年，Airvision 公司推出了采用 2.7 英寸 LCD 技术的椅背音频/视频点播系统。自 1991 年维珍航空（Virgin Atlantic）成为首家为各类型客舱提供椅背视频的商用航空公司后，个人屏幕的概念已经成为长途航班的行业标准。

随着时代的变迁和科技的进步，人们的飞行体验发生了巨大变化。如今，爱好科技产品的旅客可以在机上使用随身携带的笔记本电脑、平板电脑和智能手机来满足自己的娱乐需求。

知识拓展：

具有里程碑意义机上娱乐设施发展事件

1. 第一次开通宽带互联网

2003 年 1 月 16 日，德国汉莎航空公司在一架从法兰克福至华盛顿的客机上开通了宽带互联网，成为世界上首家在飞机上为旅客提供上网服务的航空公司。

2. 第一次开通移动电话

2008 年 3 月 21 日，在阿联酋航空从迪拜飞往卡萨布兰卡的一架 A340 – 30 客机上，数百名旅客第一次体验到了在 3 万米高空的机舱里，通过移动电话与地面进行语音通话的奇妙感觉。阿联酋航空也因此成为世界上首家开通机上移动电话使用功能的航空公司。

3. 第一次提供 ipad 租赁

2011 年 11 月 18 日，首屈一指的低票价航空公司捷星航空成为首家在飞机上提供 Ipad 定制应用程序的航空公司。该项服务最初面向飞行时间长于 2 小时的航班，可以让旅客观看时下最新的电影、电视节目，欣赏来自好莱坞的最新音乐，体验最新一代的游戏，观看电子书和电子杂志等。

二、音频服务

音频服务是指乘务员通过机载音频设备为旅客播放各类乐曲，使旅客通过欣赏音乐放松心情。飞机上提供的音乐类型多样、风格各异，主要有流行音乐、古典音乐、乡村音乐、交响乐、摇滚乐、轻音乐等，以满足不同旅客的不同需求。

（一）音频服务的基本作用

1. 调节氛围

迎送旅客时，通过播放轻松、欢快的乐曲，能调节沉闷、枯燥的气氛，同时表达全体机组人员对旅客的欢迎之情、答谢之意。

2. 音乐欣赏

旅客可以根据个人喜好，选择喜欢的音乐类型。

（二）耳机配备

为了降低飞机发动机带来的噪声影响，减少对周围环境的干扰，航空公司为旅客提供耳机，以营造令人满意的视听氛围。随着科技的不断发展，飞机上配备的耳机在功能性、舒适性、耐用性等方面都有了较大进步，受到旅客的普遍欢迎。

1. 发放形式

耳机可以送至旅客手中或放于座椅前面的插袋内。

2. 服务要点

（1）航前确认耳机配备数量，并完成必要的质量验收。

（2）发放时，主动询问旅客是否需要使用耳机，根据需要帮助旅客打开包装，并介绍使用方。

（3）落地前收回耳机或提示旅客将耳机妥善放置于座椅前口袋内，以免成为紧急撤离的障碍。

知识拓展：

B737-800型飞机上的音频设备

1. 音频面板介绍（见图5-1）

显示屏：可以看到当前播放的内容。

预录广播键：开启预录广播开关。

登机音乐键：开启登机音乐开关。

音量调节旋钮：调节音量大小。

开始键：开始广播。

停止键：结束广播。

2. 操作程序

（1）按登机音乐键。

（2）选择音乐，按数字键。

（3）按READY键。

（4）按START键。

（5）结束时按STOP键。

图5-1 客舱音频设备操作界面

3. 注意事项

（1）记住不同数字键代表的不同内容，切勿按错。

（2）旅客登机完毕后必须按停止键，否则将占用全部耳机频道。

（3）掌握音量，以不影响两个人交谈为宜。

三、视频服务

视频服务是指乘务员通过机载影音设备为旅客播放电影、新闻、音乐、电视等节目，并提供订餐、免税品购买、各类资讯查询等服务（见图5-2）。

第五章 机上娱乐设施

图 5-2 客舱娱乐设施屏幕

（一）视频服务的基本作用

（1）安全提示。通过视频系统播放《乘机安全须知》录像，向旅客做好起飞前的各项安全简介。

（2）传递信息。旅客可以通过视频看到航行景观，及时了解外界情况，如飞经城市及主要地标、目前所处位置、飞行高度、飞行时间、目的地城市天气状况、机场航站楼信息等。同时，旅客还可以通过浏览航空公司页面，了解更多公司概况，并获取有价值的出行信息，如航班时刻、酒店预订、目的地旅行攻略等。

（3）娱乐休闲。旅客可以通过视频，在飞机上享受舒适的服务、购物的乐趣，如实现餐点预选、乘务员呼叫、免税品销售等服务。同时，旅客可自行选择 IFE 中存储的电视、电影、音乐、游戏等节目，甚至包括互联网接入。

（二）视频服务信息

（1）旅客登机前，乘务员应完成对机载影音设备的正常测试。如发现故障，及时报告乘务长，乘务长填写《客舱记录本》，并通知机务人员进行修复。

（2）飞行中，如果机载影音设备出现故障，未能及时修复，应及时告知旅客，并真诚地致歉，取得旅客的谅解。

（3）由指定的乘务员负责设备操作，并对播放情况进行有效监控。

（4）对儿童、老人、残疾等特殊旅客，提供指导并帮助他们正确操作、合理使用机上的相关电子娱乐设备。

知识拓展：

Panasonic eFX（320/321/737）

1. 启动系统（见图5-3）

（1）按压VCC电源，等待10分钟后，进入欢迎界面。

（2）按压欢迎界面的任意地方或proceedtomenu登录主页面。

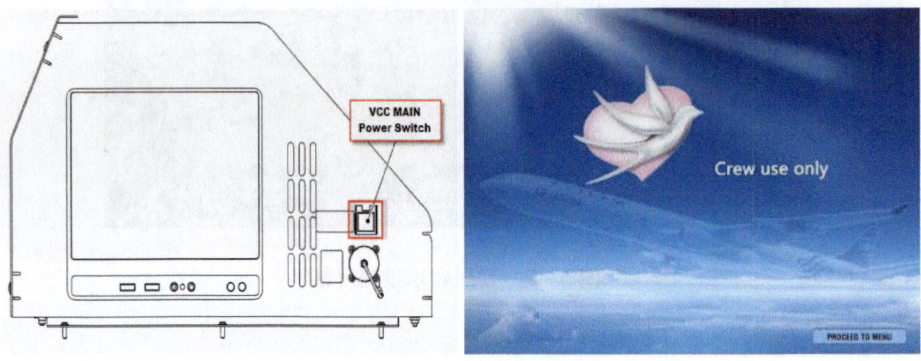

图5-3　机上娱乐系统操作界面（1）

注：737机型按压VCC主电源后，还需确保乘务员操作面板上passenger services中IFE/PCpower处于打开状态。

部分空中客车机型在进入主页面前，需要利用虚拟键盘输入密码：SAL。

2. 开启航班（见图5-4）

（1）在系统主页面中，选择【OPEN/CLOSE FLIGHT】按钮。

（2）使用右下方的虚拟键盘输入航班号、起始机场代码等信息，点击【SAVE】按钮。

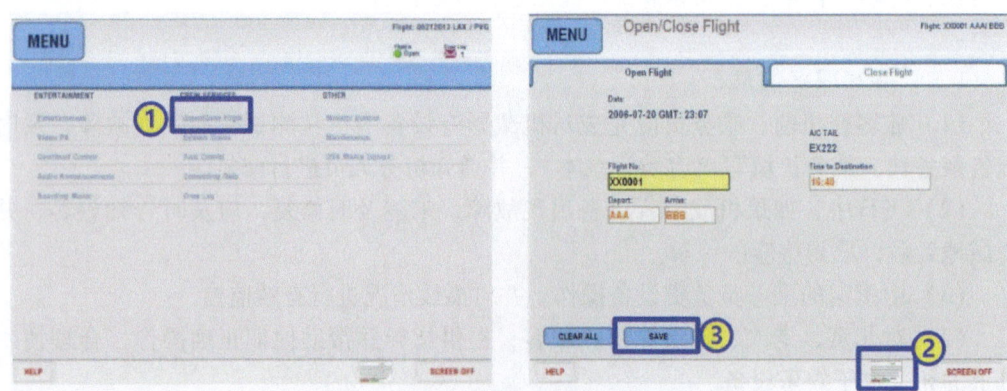

图5-4　机上娱乐系统操作界面（2）

3. 登机音乐（见图 5-5）

（1）在主页面中，选择【Boarding Music】按钮。

（2）选择需要播放的登机音乐，点击【PLAY】播放。终止播放可点击【STOP】键。

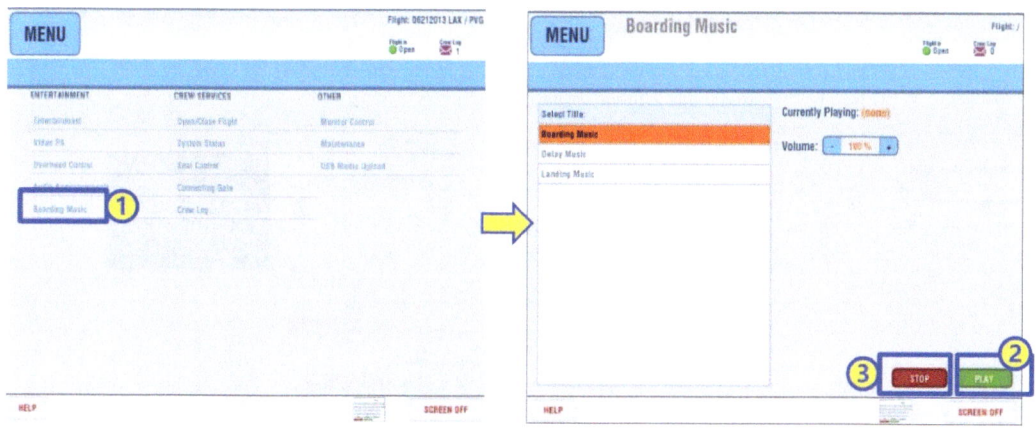

图 5-5　机上娱乐系统操作界面（3）

4. 预录广播（见图 5-6）

（1）在主页面中，选择【Audio Announcements】按钮。

（2）选择【Lanquaqes】标签，并从中选择所需要的语言，回到【Select Announcements】。

（3）在预录广播列表中选择需要的预录广播，点击【ADD TO QUEUE】按钮加入播放列表。通过【PLAY SELECTED】或【PLAY ALL】按钮实现单个播放或全体播放的功能。

（4）可通过【DELETE SELECTED】按钮删除所选广播。如果需要终止当前正在播放的广播，可点击【CANCEL CURRENT】按钮。

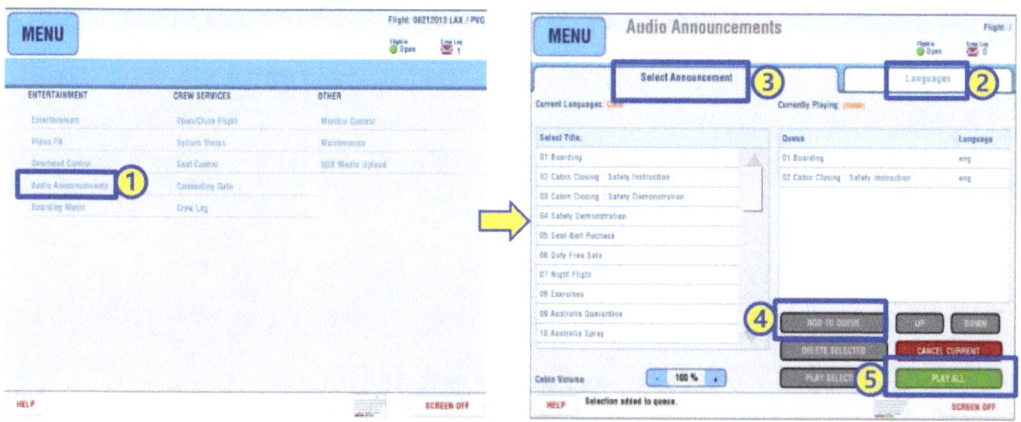

图 5-6　机上娱乐系统操作界面（4）

5. 影视播放：安全须知（见图5-6）

（1）在主页面中，选择【Video PA】按钮。

（2）点击左上方【Select Title】标签，对播放内容进行选择。通过LOPA图标选择视频播放的区域。点击【START VPA】按钮将节目向客舱播放。点击【STOP】按钮可停止播放。

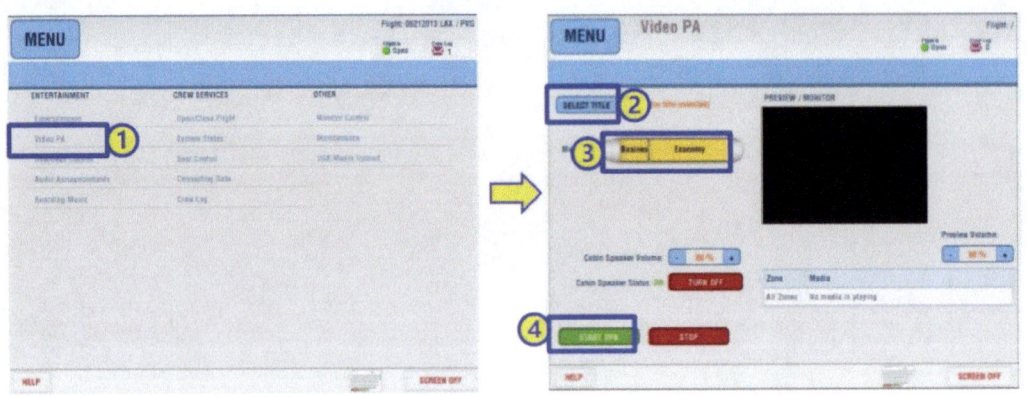

图5-7 机上娱乐系统操作界面（5）

注：①在播放安全须知时，确保cabinspeakerstatus处于【ON】位。
②部分机型停止播放的选项在【Status】标签页。
③当部分选择视频源时，若弹出是否继续先前播放的对话框，点选【ON】按钮。
④当按压播放键时，若弹出确认对话框，点选【CONFIRM】。

（3）影视播放：开启头等舱自选（见图5-8）。

①在主页面选择【ENTERTAINMENT】按钮。
②点击【Turn On】标签，显示Entertainment Is Currently：ON。

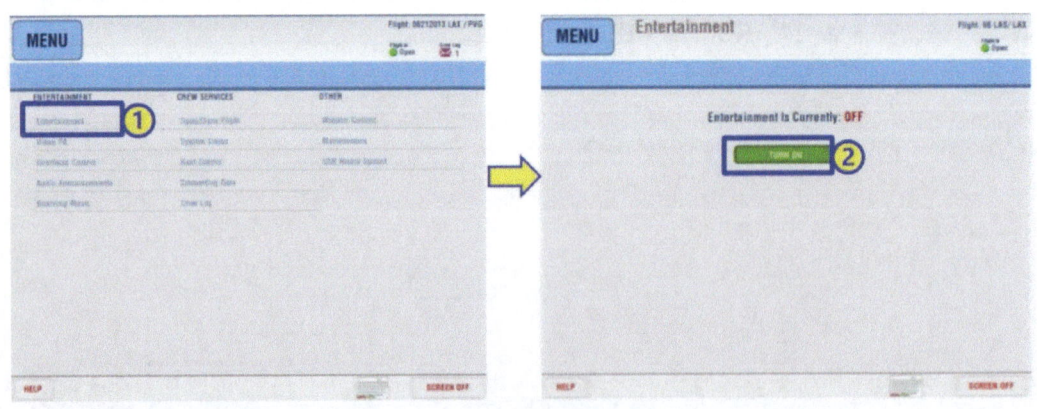

图5-8 机上娱乐系统操作界面（6）

注：仅当点播服务处于ON的状态时，公务舱的旅椅背电视机才能使用点播功能。

(4) 影视播放：娱乐视频（见图5-9）。

①在主页面选择【Overhead Control】按钮。

②点击左上方【Select Title】标签，对播放内容进行选择。通过 LOPA 图选择视频播放的区域。点击【ASSIGN】按钮将节目向客舱播放。点击【STOP】按钮可停止播放。

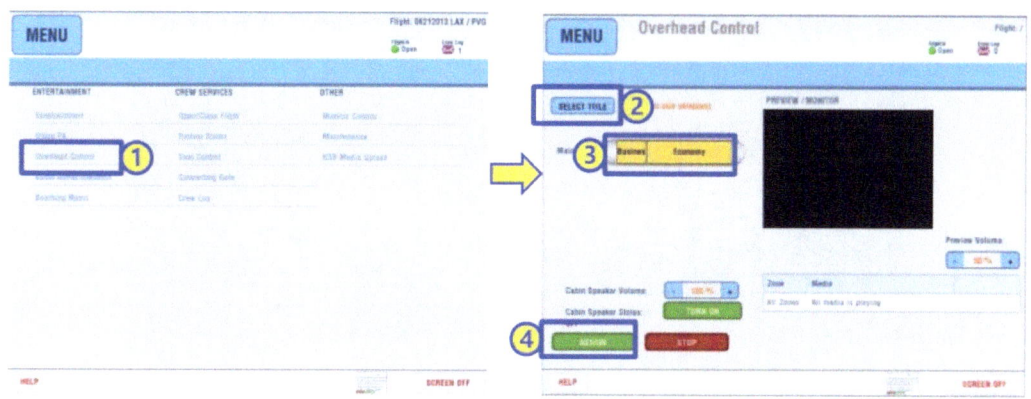

图 5-9　机上娱乐系统操作界面（7）

6. 重置座椅（见图 5-10）

（1）在主页面选择【Seat Control】按钮。

（2）选择【Seat Reset】标签，并在③处利用虚拟键盘输入需要重置的座位号码，点击【Seat Reset】按钮完成重置。

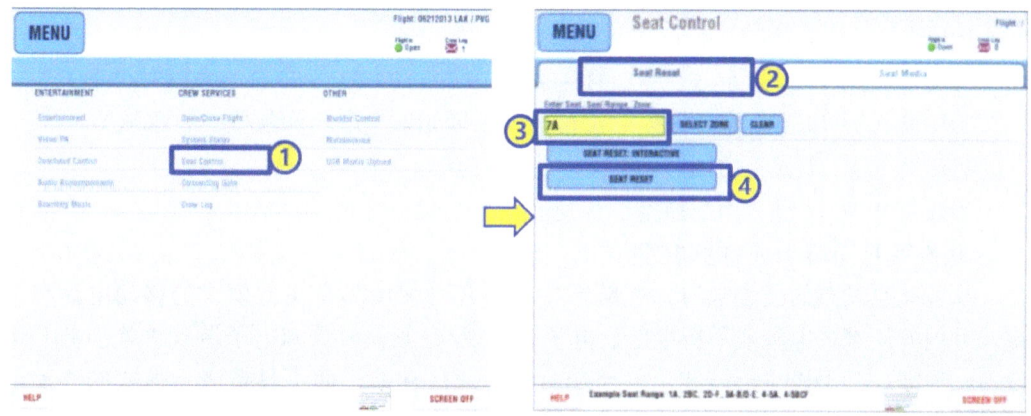

图 5-10　机上娱乐系统操作界面（8）

四、机上便携式电子设备（PED）的使用

2018 年 1 月 16 日，中国民航局发布《机上便携式电子设备（PED）使用评估指南》，认为开放机上 PED 使用的条件已基本成熟。2018 年 1 月 17 日，东方航空率先宣

布于 2018 年 1 月 18 日 0 时起，允许旅客在飞机上使用开启飞行模式的手机。2018 年 1 月 17 日晚间，海南航空执飞了中国民航解禁手机后的第一个航班——由海口至北京的 HU7781 航班（见图 5 – 11）。

图 5 –11　HU7781 航班解禁手机

一时之间，航空公司开始空中"开机"竞速。各航空公司开放机上使用手机时间表：

2018 年 1 月 17 日：海南航空

2018 年 1 月 18 日：东方航空、祥鹏航空

2018 年 1 月 19 日：南方航空、厦门航空、四川航空、上海航空、首都航空

2018 年 1 月 21 日：中国国际航空、春秋航空

2018 年 1 月 22 日：山东航空、长龙航空

2018 年 1 月 23 日：深圳航空

从各航空发布的公告来看，在航行中，旅客可使用具有飞行模式的移动电话和规定尺寸内的便携式电脑或平板电脑、电子书、视/音频播放器和电子游戏机等小型 PED 设备，但需打开手机飞行模式，关闭蜂窝移动通信功能。而不具备飞行模式的移动电话等设备，在空中仍然被禁止使用。

出于安全原因，全程禁止在航空器上使用的电子设备，包括但不限于：发射功率在 100mW（含）以上、WiFi 工作频率不在 2.4GHz 波段的便携式电子设备，如无发射功率标识的手机、卫星电话、移动 WiFi、对讲机、无人机遥控平台、遥控玩具和其他带遥控装置的便携式电子设备。

在滑行、起飞爬升和近着陆等飞行关键阶段禁止使用，在非飞行关键阶段允许使用的便携式电子设备，包括但不限于：未经认证品牌的便携式氧气浓缩器（POC）、笔

记本电脑、平板电脑等。

全程允许使用的电子设备，包括但不限于：心脏起搏器、助听器，不会影响飞机导航和通信系统的用于维持生命的电子设备（装置），如认证品牌的便携式氧气浓缩器（Portable Oxygen Concentrator，POC），持续正压呼吸机（Continuous Positive Airway Pressure，CPAP）。单手可握持的小型便携式电子设备，如智能手机、电子书、视频播放器、游戏机等，关闭蜂窝通信功能选择飞行模式后可在飞行全程使用。在飞行关键阶段应关闭WiFi和蓝牙等功能，且不得连接耳机、充电、数据连接等外围设备，不得使用语音和数据通信。另外，在飞行期间，当机长发现存在电子干扰并怀疑该干扰来自于旅客使用的便携式电子设备时，以及机长必须执行低能见度运行程序和启动紧急撤离时，为防止干扰飞机通信和精密导航设备，有权要求旅客关闭便携式电子设备。

五、飞机上的手机不是想用就用

不过，能在飞机上开机，并不意味着就能使用手机等便携式电子设备的全部功能，也不意味着"想上就上"。

在航班上使用手机有什么注意事项？有哪些事情不能做？空中开机可以上网吗？如果可以，上网会不会收费，贵不贵？（见图5-12、图5-13、图5-14、图5-15）

图5-12 机上PED使用说明（1）

图 5-13 机上 PED 使用说明（2）

图 5-14 机上 PED 使用说明（3）

第五章 机上娱乐设施

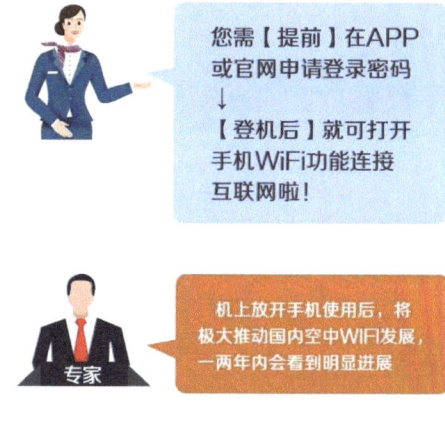

图 5-15 机上 PED 使用说明（4）

第二节 报纸杂志服务

报纸、杂志服务是机上娱乐服务中不可或缺的部分，一直深受广大旅客尤其是老年旅客欢迎。机上的报纸、杂志大多分为财经类、体育类、时尚娱乐类以及综合类，刊载有当今的热门话题，与生活息息相关的实用文章等。报纸、杂志能让旅客随时获取相关信息，满足旅客的需求。

一、报纸、杂志的主要优势

（1）可随时阅读，不受飞行时间段的限制。
（2）可以相互传阅、反复使用。

图 5-16　飞机上常见报纸

（3）简便易使用。与电子类娱乐设施相比，报纸、杂志因其携带方便而受到欢迎。飞机上常见的报纸、杂志如表 5-1 所示。

表 5-1　飞机上常见杂志

《中国民航》	航空	《中国民航》	航空
《昕薇》	女性	《National Geographic Traveler》	旅游
《时尚先生》	男性	《Sports Illustrated》	运动
《今日中国》	商务/经济/时事	《PC World》	计算机
《中国国家地理（繁体）》	旅游	《Men's Health》	男性
《Newsweek》	商务/经济/时事	《Cosmopolitan》	女性
《Time》	商务/经济/时事	《今日中国》	商务/经济/时事
《Economist》	商务/经济/时事	《东方养生》	休闲
《Fortune》	商务/经济/时事	《电视指南》	休闲
《National Geographic Magazine》	旅游		

二、报纸、杂志的发放形式

（1）折叠车：分类整理，放置在折叠车上，推到廊桥处，便于旅客上机时选（见图 5-17）。

第五章 机上娱乐设施

图 5-17 客舱口的书报架

（2）报架：分类折叠，美观整齐，摆放在书报架上（见图 5-18）。

图 5-18 机舱内的书报摆放

（3）乘务员提供：报纸同类合并，依次摆成扇形由乘务员送出；杂志依次展开由乘务员直接送出。

三、动作标准

(一)提供报纸、杂志的拿法(见图5-19)

(1)左手四指并拢,掌心朝上托住报纸底部。
(2)拇指在里侧。
(3)右手四指并拢,手心朝上。
(4)大拇指扶在报纸、杂志的右上角。

图5-19 乘务员提供报纸杂志服务

(二)提供报纸的操作方法

(1)相同的报纸摞放在一起。
(2)右手拇指和食指捏住报纸的左上角。
(3)手指沿边缘滑至右上角,刊头在上,递给旅客,最外面的报纸直接拿,右手掌心朝外。
(4)大拇指压在报纸的外侧,其余四指放在报纸的内侧。

（三）提供杂志的操作方法

（1）左手四指并拢，掌心朝上托住杂志底部。
（2）拇指在里侧。
（3）右手四指并拢，手心朝上。
（4）杂志依次展开成扇形，直接抽取。

四、提供报纸、杂志时的要点

（1）面对旅客45度站立，面带微笑，目光柔和，身体略微前倾。
（2）从前往后，先左后右，先里后外，先女后男。
（3）做好延伸服务，帮助旅客打开阅读灯。
（4）露出刊头。
（5）熟悉所配刊物的名称，杂志和报纸不要混拿。

参考服务用语：

（1）女士/先生，今天为您准备的报纸，有《人民日报》《环球时报》《北京青年报》。请问您需要哪一种？
（2）我帮您打开阅读灯好吗？

练习题

1. 简述机上娱乐服务的重要性。
2. 简述手拿报纸的方法。
3. 简述电子娱乐服务的优势。
4. 与电子娱乐服务相比，报纸、杂志服务的优势有哪些？

第六章 不正常航班服务

1. 了解不正常航班的定义。
2. 了解并掌握不正常航班产生的原因。
3. 了解并掌握不正常航班旅客的心理及应对措施。

第一节 不正常航班

一、不正常航班的定义

根据《民航航班正常统计办法》，不正常航班主要指以下三种情况：不符合正常航班全部条件的航班；当日取消的航班；未经民航总局或地区管理局主管部门批准，航空公司自行改变计划的航班。

航班延误、机械故障、飞机调配以及合并航班等未按照航班计划执行的航班均属于不正常航班。

（一）空中交通管制

空中交通管制，又称空中管制，是指为防止航空器与航空器相撞及在机动区内航空器与障碍物相撞，维护和加快有序的空中飞行活动，向机场附近飞行、接受进近管制服务以外的航空器提供的空中交通管制服务。空中交通管制是空中交通管理的主要部分，包括空中交通管制业务、飞行情报和告警业务。执行这项任务的人就是空中交通管制员，又称"空中交通警察"。

（二）机场流量控制

机场流量控制，简称流控，是指为保证最有效地使用空域，对进入给定的空域、沿给定的航路或飞向一个机场的交通流量进行调整的方法。

（三）航班取消

先前计划执行飞行任务的航班停止飞行，并且该航班至少有一个座位被预订。

（四）航班备降

飞机在执行航班任务时，由于天气、航路、机械故障等原因不能降落在指定机场而改降至备降机场。

（五）航班返航

飞机从始发地机场飞往目的地机场的途中返回始发地机场。

（六）大面积航班延误

由于天气、机场设备、机械故障等原因造成一定数量的航班预计超过 4 小时以上的延误趋势。

（七）罢乘

在不正常航班开始登机时，不肯登机的旅客。

（八）占机

在不常航班到达目的地后，不肯下机的旅客。

二、不正常航班产生的原因

导致航班不正常的原因很多，而且多是不以人的意志为转移的客观因素。具体来说，涉及天气、流量控制、工程机务、运输服务、飞机周转、来程晚到、安全检查、油料供应、航材保障、机场设施等多个方面，其中，天气原因、流量控制原因、旅客自身原因、航空公司原因是导致航班不正常的最主要的四大原因。

（一）天气原因

通常认为，天气原因延误航班是自然原因，不可抗拒。夏天有雷暴，沿海地区有台风，冬天有冰雪，春、秋、冬季节还有大雾。一年四季，天气的影响非常频繁。影响飞行的天气，不仅是旅客所能感受到的所在机场上空的天气，还包括整个航路的气象状况是否适宜飞行。另外，即使所在机场上空，有些气象情况也是我们无法用肉眼观察到的，如侧风等，这些都有可能造成机毁人亡。

为了确保飞行安全，符合飞行、起飞、降落的天气标准很多，天气状况对一次航班飞行的影响有以下六项：

（1）出发地机场的天气状况（如能见度、低空云、雷雨区、强侧风）。

（2）目的地机场的天气状况（如能见度、低空云、雷雨区、强侧风）。

（3）飞行航路上的气象状况（如高空霄雨区）。

（4）机组状况（如机组技术等级等）。

（5）飞机状况（如执行航班机型对气象条件的安全标准，及在符合安全的前提下某些机载设备失效导致飞机不宜在该天气状况飞行等）。

（6）因恶劣天气导致的后续状况（多指机场导航设施受损、跑道不够标准，如结冰、严重积水等）。

（二）流量控制原因

随着民航业的飞速发展，空域资源趋于饱和，受到管制设备的因素和管制人员因素的影响，每个管制区域所能容纳的飞机数量有限。超过了该限度，则需实施流量控制。

从主观上看，一是做航班计划时，计划外增加的航班超过了按目前空中交通管制规定所允许通过的最大飞行流量；二是过多地安排临时加班、包机飞行，超过了可通过的最大飞行量；三是某些高空管制区和管制区扇面的划分不合理。由于一个高空区内有的分了扇面，有的没有分，导致飞行流量的增加。

从客观上看，主要是航路少、机场终端区进出口少、高度层少。在某些特定情况下，空军还需利用民航飞行的空域，民航飞机需要避让空军活动。为了保证飞行安全，空管部门要采取措施，进行相应的流量控制。

（三）旅客自身原因

服务具有生产与消费同时性的特点，在很多情况下，旅客对航班的延误也有不可推卸的责任，主要有三种情况：

1. 等待旅客

等待旅客现象呈上升趋势，有些旅客是团体晚到，人数较多，安排其他航班有困难，要等旅客到齐；有些旅客购物、睡觉或者没有及时听到广播等原因没有按时登机，航空公司会尽量帮助旅客赶上航班，这样就会造成航班延误。

2. 中转航班

搭乘国际中转航班的旅客，在办理出入境手续时，如果出现旅客证件不符合检查规定，就会影响后续航班的正常登机。

3. 突发事件

有时旅客会产生过激行为，如占机不下；或有旅客有急事要下飞机终止此次旅行，本次航班要重新进行客舱和行李安全检查；还有旅客突然发病等。

（四）航空公司原因

航空公司造成飞机延误的原因主要包括以下三种：

1. 航班计划编制

因航班计划编制造成航班不正常的因素主要有航班过站时间小于规定时间，或者航段时间安排不足。主要是航空公司在安排航班计划时，没有留足备份运力，往往是将备份运力安排给临时加班、包机，一旦遇到航班不正常，尤其是不正常航班较多时，运力调配困难，有时没有备份飞机替代。

2. 机械故障因素

除了自然原因，机械故障是造成航班延误，甚至是超过 4 小时的恶性延误的主要原因。除了机务维修人员工作出现失误和差错，对重复性故障没有认真及时组织排除外，航材供应不及时，航空公司航班安排得太满，没有足够时间完成定检也是导致机械故障影响航班正常的重要原因。

3. 地面服务能力

能否快速过站是航空公司地面服务保障能力强弱的集中检验，其中有两点因素最需要考虑，一是员工工作积极性，另一个是科学制定各个保障单位完成任务的时间。

三、不正常航班发生时旅客的心理分析

航班延误是航空公司、机场都不愿意看到的，从旅客的角度看，旅客更不愿意发生航班延误。某些情况下的航班延误导致乘飞机旅行比坐汽车还慢，舒适就更别提了，而且还使旅客长时间处于候机状态，在候机等待的过程中，旅客们存在各种各样的心理状态，不同心态的旅客往往有不同的行为表现和不同的目的要求。旅客此时的心态大致可分为以下四种。

（一）焦虑型

由于航班延误，不能够按时到达目的地，所有的事情和计划都会被打乱，并且"飞机何时才能起飞""需要等待多长时间""告诉还是不告诉家人来接"等问题都困扰着旅客，焦虑的情绪随着航班延误的时长逐步上升。这个时候任何额外的服务或赔偿都比不上及时出行，对于这类旅客，最有效的解决方案是能够及时协助他签转或改乘其他交通方式。

（二）怀疑型

有些旅客不相信发布的信息及对不正常航班的解释说明，怀疑航空公司和机场为了逃避责任故意欺骗旅客。有这种情绪的旅客会产生对抗行为，如罢机、闹事、要求赔偿等。

（三）冷静型

具有同样的出行必要性，但短时间的延误对事情影响不大，其在了解到相关航班延误信息后，能够及时进行安排和周转，如能及时提供额外的服务或按照规定给予一定的经济或物质补偿后，其心理状态可以得到缓解，这部分旅客往往能够冷静对待航班延误，但同样需要了解确切的延误信息。如果长时间地冷落这种旅客或者粗鲁地对待他们，他们也往往会选择事后投诉的方式来表达自己的不满。

（四）从众心态

面对不正常航班时，旅客会对航空公司的服务产生抱怨和不满意，一旦有旅客向乘

务员进行暴怒批评，甚至谩骂，有些旅客就会出现从众心态，产生"人多力量大"的心理晕轮，对乘务员的服务造成不利影响，甚至会产生不安全的后果。此时，乘务员要注意观察旅客群体中主要对象的情况，重点做好主要对象的情绪控制，采取个别说明和听取意见等方法，晓之以理，动之以情，争取得到其理解和配合，避免发生群体冲突。

第二节　不正常航班旅客服务内容

航班延误一直是旅客关注的热点问题，目前，消费者意见最大的问题就是航空公司对航班延误信息提供不及时，后续服务跟不上。《不正常航班旅客服务规范》明确规定，在航班不正常时，应向旅客提供信息告知、现场服务、客舱服务、票务服务、餐饮住宿安排和地面交通服务等。

一、信息告知

乘坐不正常航班的旅客享有知情权。航班延误后，服务人员应先主动了解航班延误的原因、预计起飞时间，并将了解的情况及时向旅客通告并表示歉意，耐心细致地做好解释工作。民航服务人员在接到延误通知后，应在第一时间了解延误的原因及航班动态信息，要注意全面了解信息。航班延误信息包括延误原因、延误航班在本站的离站时间或飞机所在站的离站动态以及造成航班延误各因素的变化（天气好转状况、故障排除进度）等情况。

在了解相关信息后，民航服务人员必须在第一时间尽可能用多种方式向旅客通告信息。航班延误包括尚未正式通知延误但已经不能按正常程序时间办理乘机手续或组织旅客登机的情况，此时要通告旅客，不得欺瞒。服务人员可采用动态牌、广播、答复问讯等多种形式向旅客公布延误信息，尽量在最短的时间内将最多的信息内容广泛传播给旅客。在广播时，应至少采用中英两种语言，遇有特殊情况，还应用小语种进行广播。在广播信息的过程中应真诚地向旅客表达歉意。广播时应注意语气、语速，尽量让旅客听到最清晰的信息，感受到最真诚的歉意。信息告知有以下三点要求：

（1）真实性。旅客享有知情权。不正常航班信息发布首先要秉承实事求是的原则，避免发生信息不对称、不真实的情况。例如，候机楼通知的延误原因是飞机晚到，而上机后乘务员却说是天气原因，通知的原因不一致，会使旅客感到被欺瞒，从而产生不满意。保证旅客的知情权是乘务员在航班发生不正常情况时的一项服务内容。

（2）及时性。不正常航班发生时，旅客对信息的及时性要求较高。乘务员应迅速了解不正常航班的原因，掌握最新航班时刻情况，力争在第一时间通知旅客。如遇到机械故障，乘务员应将飞机故障的情况、目前采取的措施、预计延误的时间通过广播等方式及时告知旅客。旅客及时获得信息能平静地等待，有充分的时间做好后续的安排。

（3）准确性。不正常航班产生的原因有时会随着时间的推移而变化，如雷雨季节天气瞬息多变，当航班延误时乘务员要了解即时的、准确的航班信息，主动与飞行机组、地面服务保障人员取得联系，掌握第一手准确的信息。避免主观判断，经验主义，将已经发生变化的信息告知旅客。

二、候机楼服务

在航班延误后，机场候机楼大厅内一般会滞留大量旅客，此时服务人员应全面细致地做好旅客服务工作，特别是对特殊旅客，更应服务周全，重点照顾，尽力为他们提供便利。当服务人员已做好航班延误的前期工作，安抚好旅客的情绪后，可主动为旅客提供书报杂志、扑克、象棋等娱乐物品，并为旅客播放录像，以供等待旅客娱乐消遣。对于特殊旅客，服务人员要善于观察，尽量提供细致服务。对于重要旅客，要安排其进贵宾休息室休息，备妥供应物品，并且随时掌握航班动态信息，及时派人通知旅客方便其后面的旅行安排。针对老、弱、幼、病残和孕妇旅客，要根据其特点，尽量将服务工作做到细致、贴心。

三、客舱服务

当航班发生不正常时，对于已经登机而滞留在舱内的旅客，应尽量避免其在客舱内长时间等待。如需安排旅客在舱内等待，应保持客舱内环境适宜，并按照规定提供餐饮。机组人员应及时广播，通报航班动态信息，向旅客说明原因，并做好安抚工作。

航班发生不正常时，相应地，航班服务流程和内容也会发生一定的变化。乘务员要急旅客所急，想旅客所想，根据实际情况调整安排好后续的服务，通过主动周到、细致热情的服务化解因不正常航班而给旅客带来的不便，竭尽所能，以取得旅客的理解和支持。要重点做好以下三方面的旅客服务。

（一）餐饮

出现不正常航班时，保证旅客的正常餐饮很重要。如预计在地面等待时间超过1小时，乘务员可以在地面为旅客提供餐饮服务，满足旅客对餐饮的需要。这样一方面能体现乘务员对旅客的关心和照顾，另一方面也能够平抚旅客的急躁情绪，化解旅客的抱怨。

（二）沟通

不正常航班时，旅客的心情多处于焦躁和不满的状态，有时还会将不满情绪发泄在乘务员身上。乘务员与旅客的良好沟通往往是化解旅客不满的良药。乘务员要克服畏难情绪，调整好心态，主动与旅客沟通，寻找与旅客更多的共同语言，建立轻松氛围，消除旅客的怨气或者不满情绪。

（三）体现"五心"

不正常航班的客舱服务最能够体现乘务员的职业素养和专业能力，要做好不正常航班的服务，乘务员必须做到"五心"：
（1）耐心——充分理解，耐心和蔼，认真倾听。
（2）热心——积极协调，热心服务。
（3）细心——眼中有活，心中有客。
（4）诚心——诚意为先，谦和宽容。
（5）贴心——贴心服务，特需服务。

四、票务服务

发生不正常航班时，旅客享有选择权。在航班延误时间较长情况下，旅客可以选择退票或者选择其他的航班。因航班延误、取消、航程改变或者不能提供原定座位时，应优先安排旅客乘坐后续航班或签转其他的航班。

第三节　不正常航班的相关处置

一、签转

由于航班延误导致航班取消或旅客提出终止该段航程，旅客可以要求签转其他航班。

（1）当旅客提出签转航班的要求时，乘务员应在最短的时间内统计需要签转旅客的人数，帮助旅客做好航班签转工作。

（2）乘务员要记录旅客姓名、座位号、有无托运行李、航班号和相关人数，并与地面工作人员做好轮椅、无成人陪伴儿童等特殊旅客及特殊事项的交接工作。

（3）乘务员要提醒签转旅客将随身行李全部带下飞机，确认没有遗漏物品或拿错行李，旅客下机后要完成局部清仓工作。

（4）乘务员要将签转旅客和清舱工作完成情况向机长汇报，完成修改后的舱单交接，将相关情况予以记录，以备核查。

二、中转

当航班延误导致旅客后续中转联程航班转机时间较短或将受到影响时，旅客会向乘务员提出中转航班保障需求。

（1）乘务员要记录中转航班的航班号、起飞时刻和中转人数，报告机长并通知地面工作人员，尽力协助旅客快速办理中转手续。

（2）中转联程旅客可优先于同舱位的旅客下机，但经济舱旅客不得优先于头等舱旅客下机。

（3）乘务员可以根据航班时刻表向旅客提供可能转机的转机航班建议和指导，但不要向旅客做出转机承诺。

三、备降

由于天气或机械故障等原因，航班临时降停在非预定的经停地点。在航班备降的情况下，如起飞时间不能确定或等待时间较长，乘务员应向旅客说明情况并安排旅客下机等候。乘务员应根据实际情况向旅客提供膳宿服务，按承运人可以控制的原因造成航班延误的相关规定办理。如旅客要求停止继续旅行，按自动终止旅行办理，并向旅客说明。如旅客要求退票，按非自愿退票的规定办理。若旅客要求改变航程，服务人员应告知旅客另行购票，并协助其办理。如航班备降后取消了后续的飞行，按航班中断飞行办理。

如由于目的地机场天气、设施、旅客身体和其他突发原因，导致航班无法抵达预定的目的地，要降落在备用机场。

（1）备降机场一般靠近目的地机场。如目的地为深圳机场，备降机场可能是广州机场或珠海机场；如目的地城市有二个以上的机场，则这些机场互为备降机场。

（2）乘务员在获知航班备降信息后，要掌握航班备降的原因和预计落地的时间，及时通过广播告知旅客，并做好相应的解释工作，完成航班落地前客舱的各项准备工作。

（3）乘务员在航班落地后，要积极与地面工作人员取得联系，了解旅客的情况，及时安抚旅客的情绪，做好相应处理。

四、占机

由于航班延误造成旅客不满，旅客的补偿诉求没有得到满足，有时会发生在到达目的地后旅客占机的情况。

（1）乘务员在航班服务时要注意旅客的动态，敏锐地觉察到可能发生占机的行为，及时将掌握的信息报告机长，做好相应的预案。

（2）发生旅客占机时，乘务员应立即报告机长并记录占机旅客的姓名、座位号和人数。旅客占机期间，乘务员不得离开飞机，应做好占机旅客的劝说工作。

（3）乘务员应做好客舱安全监控和必要的服务工作，保护机上设备和飞机舱门，防止发生意外事件，维护客舱秩序，必要时配合保卫部门和机场公安干警做好相关的工作。

第四节　不正常航班服务的注意事项

在航班延误时，做好细致服务和特殊旅客服务是缓和旅客情绪、减少矛盾冲突的关键。当已知航班会出现延误，飞机暂时还未滑出停机位时，乘务员需要在客舱巡视，为旅客提供"七个一"的细致服务，回答旅客问询，为需要的旅客提供饮料，照顾老年人、婴儿以及无成人陪伴儿童等特殊旅客。旅客登机后，延误的时间如果过长，乘务长应根据实际情况（航班预计起飞时间、客舱内旅客情绪等）决定是否需要在地面提供饮料服务。

"七个一"的细致服务包括：
（1）见到特殊旅客问一问。
（2）见到老弱病残旅客扶一扶。
（3）见到睡觉的旅客将小毛毯盖一盖。
（4）见到阅读的旅客将阅读灯开一开。
（5）见到地板有异物捡一捡。
（6）见到小桌板脏了擦一擦。
（7）见到卫生间脏了冲一冲。

一、加强沟通

机组和乘务组之间在航班延误时要随时保持沟通，保证客舱乘务组及时了解延误的最新情况。有时由于乘务组从机组处获得的信息不是很完整，那么乘务员在回答旅客问询的时候就不要凭自己的主观臆断或猜测回答，要确保信息准确地传递给旅客。同时做好与旅客的沟通，消除旅客的焦虑情绪，如遇到旅客向乘务员表达需要补偿的要求时，乘务员要了解旅客的诉求，帮助旅客与地面工作人员建立联系，不要轻易向旅客做出补偿的承诺。

二、做好客舱广播

乘务员要做好不正常航班的客舱广播，通过广播及时传递航班信息，向旅客真诚致歉。关闭舱门后15分钟飞机未推出滑行，乘务员要立即了解情况，做好客舱广播通知。广播要做到信息准确、语言清晰、语言柔和。在长时间的等待过程中，应适时增加广播次数，传递航空公司的歉意和感谢，争取旅客的谅解。

乘务员在航班延误的情况下，需要按照乘务长的安排采取服务补救措施，以缓和旅客的紧张情绪。

参考服务用语：

（1）我们正在等待机场天气转好，现在的天气仍然达不到起飞标准。要不我给您先倒一杯饮料好不好？

（2）我们正在等待航空管制起飞的命令，机长在驾驶舱与塔台保持联系，一有新的消息我们会及时通知大家。

（3）我们刚刚接到的信息是这样的……

三、加强客舱管理

乘务员在航班延误时要加强客舱管理,关心旅客需求,并做好客舱安全监控,防止出现意外;做好客舱巡视,稳定旅客的情绪,虚心听取旅客的意见,耐心回答旅客的问询,避免矛盾升级,通过细致观察和语言沟通,要尽早发现需要帮助的旅客,有问题及时帮助解决,避免旅客因乘务员服务不到位而不满;要具备安全意识,坚守岗位,加强重点部位监控,确保客舱设施、设备得到有效监护,确保舱门始终有人监控,保证航班安全。

四、及时增补机供品

由于航班延误,机上的机供品会提前使用。乘务员在不影响航班运行的前提下可以增配机供用品。乘务员要事先统计好增补的物品及数量,报告机长,在不影响航班起飞的情况下,通知地面工作人员进行物品补充。乘务员应对补充用品进行确认、检查和交接,如有需要,应确定外站加配机供品的计划。

(1) 特殊旅客服务。在到达站航班延误的旅客当中,对于航班延误特别敏感的旅客类型主要是在到达站有重要事务的旅客。此外,与其他延误航班一样,还应该特别注意面向老年人、带婴儿的旅客以及无成人陪伴儿童等特殊旅客的服务。

如果航班延误时间不算太长(30分钟左右),乘务员可以根据实际情况安排需要转机的旅客或者有急事的旅客到飞机前排就座,待飞机停稳,尽快安排其下飞机。

如果预计到达时间距离转机旅客登机时间非常接近,还可以报告乘务长,由机组与地面工作人员联系,通知地面为其尽快做好转机安排。

(2) 航班备降。如果到达站天气不符合降落标准,在盘旋等待时间不允许的情况下,飞机会备降到到达站的备降机场,待天气转好后再转飞目的地。在备降机场等待的过程中,航空公司会根据实际情况决定旅客是在飞机上等候,还是到机场候机厅或宾馆休息。

案例分享:

案例一

重庆飞往广州的某航班因广州雷雨天气备降到桂林两江机场,为了能再次及时起飞,当地机场要求旅客不下飞机在客舱内等待,小小的客舱加上满载的旅客让舱内立即变得非常憋闷,有些旅客按捺不住着急的心情,开始抱怨起来。经验丰富的乘务长见此情况,预计等待的时间不会很短,如果让旅客单调无聊地等下去,可能会因情绪不佳引发矛盾。这时她灵机一动,立即召集机上所有乘务员开会,希望通过和旅客良好的沟通化解矛盾,乘务员们积极响应乘务长的号召,为这个航班的特殊服务出谋划策。

乘务长特意打破常规,没有用严谨格式的语言广播信息,而是用平实、通俗的语言如拉家常一样向旅客及时通报最新的信息,如实地传递给旅客航班备降原因及等待时间，回答每位旅客的问题。而后乘务组即兴在机上开展了一个小活动，请旅客品尝乘务员调制的"鸡尾酒饮料"，并猜出饮料是由哪几种果汁混合而成的。旅客表现出极大的兴趣和参与的热情，旅客很快从枯燥无聊的等待中抽身出来，有单独品尝的，也有和朋友、家人一起喝一起猜的，获得奖品的旅客还兴致勃勃地表演了小节目。漫长的等待时间就在一片欢声笑语中悄悄溜走了。当乘务长广播还有5分钟飞机就起飞时，旅客才意识到他们在飞机上等了近三个小时了。当乘务组向旅客们表达真诚的谢意时，客舱里早已是掌声一片！

分析：

面对延误，乘务长首先能够熟悉等待时间长短的情况，充分做出时间预算，与乘务员做好了沟通，整个乘务组在乘务长的带领下能够团结一心，为整个航班的工作贡献自己的力量。

乘务长带领组员们尝试着用更人性化、互动性更强的方式与旅客们进行沟通，真诚主动地关心旅客的感受和需求；乘务长用平实、通俗的语言向旅客及时通报信息，解释延误原因，此举拉近了乘务组和旅客之间的距离，更赢得了旅客的理解。在整个处理过程中，充分的创新既能够让旅客了解情况，也能缓解气氛，让旅客真正地理解延误，愉快地化解了矛盾。

案例二

某航班延误，乘务长在即将到达目的地之际，向一位精英会员致谢，同时询问他的乘机感受和意见，这位旅客当天由于有重要的事情要处理，但最终无奈被拖延了，所以比较生气地说了这么一句话"没办法啊，谁让这条航线只有你们公司在飞，你们是唯一的选择。"面对旅客的抱怨，乘务长却微笑说道："唯一在汉语里有'最好'的意思，所以您唯一的选择也是最好的选择啊，而且从您的选择中我们看到了您做事的专注，这一点真值得我向您学习，在此，也请允许我代表公司感谢您始终如一的选择，并衷心希望在今后您将要出行的日子里，您都能一如既往地选择我们！"旅客听后不禁笑了，也没有再生气。

分析：

在这个案例中，乘务长用自己优秀的沟通能力化解了旅客因为航班延误带来的不满情绪。乘务长移花接木将"唯一"顺延出不同的诠释，把具有消极影响的词意巧妙解释为具有积极影响的词意，化解了尴尬。

乘务员面对的是不同肤色、年龄、性别、职业、性格，各式各样的旅客，规范化、标准化的服务语言不一定能吸引旅客，能更不能打动旅客。乘务员应学会讲"因人而异"的话，也就是见什么人，讲什么话。如迎宾时的问好，规范要求的语言是"您好，欢迎光临"。一个充满智慧、具有良好服务意识的乘务员能根据不同的旅客提供以下不同的问好：常旅客、VIP——"张总，您好，很高兴又见到您"；小朋友——"小朋友好，欢迎你坐我们的飞机";伤残客人——:"您好，欢迎光临，小心路滑/别急，慢一点/需要帮忙吗?"同是问好，能问出不同的味道，就能满足不同旅客的需求，给足旅客的面子，这种服务永远受旅客的欢迎。

案例三

某航班延误，旅客在地面等了几个小时后终于上机了，乘务员满怀歉意地问候道:"您好，让您久等了。"旅客接口回道:"好什么好，你们也知道久啊，怎么补偿我，你们必须给个解决方案!"

分析:

马克·吐温说:"恰当的用字极具威力，每当我们用对了字眼……我们的精神和肉体都会有很大的转变，就在电光石火之间。"事实的确如此，在客舱服务中，乘务员一句话、一个字的变换都可能给客人带来不同的感受。

在客舱里与旅客沟通，乘务员的语言技巧很关键。一句话能成事，一句话也能坏事，在工作中关注这些细微的差别往往会产生意想不到的效果。乘务员的"您好，让您久等了"中"久"字强化了旅客可能本已淡去的时间感，触动了蓄势待发且敏感的神经，容易让旅客压抑较久的不满情绪借题发挥出来。

航班延误是常有的事，首先，乘务员要有一个良好的态度，在旅客登机时真心问候，问候时要注意方式、方法，要更真诚、更亲切，减轻旅客对飞机延误的愤怒感。其次，当旅客抱怨时，乘务员应该给予理解，微笑点头，在接下来的客舱服务中，多多注意细致服务，主动帮旅客拿行李或者及时提供饮料、餐食，这些细小的服务能减少旅客的不满。

案例四

夏季的一个晚上，某班次前往上海的航班，原定于20:00起飞，但是由于上海天气的原因，航班在等待了3个小时以后，最终与另一次航班合并，旅客于23:00一起上飞机。由于前一个航班乘务组飞行时间超时，这次航班的机组便替补上了飞机，执行这一合并航班。当时客舱像炸了锅，3个小时的等待，当面更换机组，旅客的烦躁和无奈种种情绪一起向乘务组袭来，特别是乘务组原航班的旅客，非常愤怒，认为航空公司是拼机等待。

当班乘务长知道此时再多的道歉都已经没有用了，现在最紧要的是解决问题。她做了简明扼要的安排，要组员分头行动，跟旅客进行"协商"，拿着纸和笔逐个了解旅客的需求，能够满足的尽量满足，排除旅客的各种顾虑。比如，有的旅客担心回到上海太晚没有车，有的是转机的旅客，怕耽误后面的行程，还有旅客提出要航空公司提供赔偿。

乘务长要求乘务员在处理延误时遵循三个原则:第一，首先"倾听"，在旅客说话的时候，尽量点头附和，不打断乘客说话。第二，不推卸责任，能够做的事情全部记录下来并进行跟踪。第三，挑选客舱中比较理性的旅客进行解释工作。

最终，愤怒的客舱终于安静了下来，飞机开始下降的时候，乘务长对旅客致辞，再次诚恳地对旅客说抱歉，预祝旅客有份好心情，出乎意料的是，当地广播完的时候，客舱中自发地爆发出热烈的掌声，那一刻的感受，是自豪、欣慰，还有委屈。那一刻，作为乘务长的价值得以体现。

飞机平稳抵达上海机场以后，乘务长按照记录的情况，一一兑现对旅客的承诺。在征得了头等舱旅客同意的情况下，提前安排需要转机的旅客坐到头等舱前面，争取早点下机；跟上海地服部联系，告知哪些旅客需要地面交通，请求他们给予协助；对当天转不了机的旅客安排了上海当地住宿。

一场原本混乱的延误，最终化解成了一次成功的客舱服务，还赢得了延误旅客的掌声。

（来源：航资源网 2013-09-26）

分析：

案例中，乘务长体现了多年的职业素养，想旅客之所想，并且能够很快地把组员集合起来，分配各自任务，为旅客做到了细致、细心的全方面服务，倾听旅客的不满情绪并且做出适当妥善的安排，使旅客的激动情绪慢慢平静下来。

在航班延误时，要让旅客看到乘务人员的行动，看到乘务人员在为他们努力，要让旅客感觉到乘务人员是在跟他们同甘共苦，在解决问题。

乘务长控制大局、协调有度的能力也值得赞扬。航班延误服务工作任重道远，并非单靠一方就可以顺利完成，需要航空公司、机场、旅客三方面积极配合，需要各个部门切实有效的行动，更需要在每次实践后不断总结，持续改进。

案例五

2012年8月18日21时07分，网友"LUNA的无敌小宇宙"在新浪微博发言："其实，我不适合当乘务员。因为，当您因为天气原因航班延误的时候，把三杯滚烫的白开水泼我身上时，我没忍住，还是哭了。我好想妈妈。"

这条微博发出后，短时间内被迅速转发并评论，航空公司方面介绍了本次事件经过。8月18日，某航班（广州—合肥—大连）由于前一段航班飞机晚到，造成广州—合肥段延误。在地面排队等待起飞期间，考虑到旅客的餐食需求，乘务组开始为旅客发餐饮。

应一名旅客的要求，乘务员将三杯热水端给该旅客及其两名同行旅客，并继续为这名旅客提供餐食。在此期间，该旅客情绪比较激动，一直在不停地抱怨航班晚点。在乘务员蹲下从餐车中给该旅客拿取餐食的时候，该旅客用手打翻了小桌板上的热水，并泼洒到了乘务员身上。

乘务员当时情绪受到影响，返回服务间调整情绪，之后表示不愿因联系地面公安而耽误其他旅客的行程，此事也未影响航班起飞。该旅客在合肥下机时，乘务员按照正常的程序向旅客道别。

（来源：南国都市报 2012-08-20）

分析：

航班延误并不是乘务员的错，旅客有情绪可以理解，但不应该采取这样过激的方式发泄，于情、于理、于法都不能容忍。

但在密闭的客舱中，旅客的等待很容易演变成怒气爆发出来。根据案例反思，在遇到航班延误的情况时，乘务组应采取多种方式积极安抚旅客情绪，乘务长也应该做好广播工作，随时向旅客传递航班相关信息，保障航空公司的公信力，也使机组能更好地与旅客沟通。不要等矛盾升级爆发冲突时伤及自身甚至影响到客舱安全。该案例中，乘务员的情绪控制得很好，虽然受到了不公平待遇，但没有和旅客发生冲突，还正常地完成了自己的工作，积极服务旅客，始终维护着公司的形象，体现了高度的职业素养。

案例六

由于天气原因，某航班备降到长沙机场，长时间延误。客舱里有一位VIP客人张先生有一个重要的合同赶着去签署，因为航班延误而焦躁不已，并声称："一定要登报，让记者曝光你们的衔接服务！"这时乘务员看到张先生正在看一本关于《红楼梦》的书，便对张先生说："一把辛酸泪，满纸荒唐言，都云作者痴，谁解其中味？我也很爱看《红楼梦》，其实在我们的工作中常有同感，当天气的原因造成航班延误时，乘务员无法掌握许多因素，却往往要承受许多无端指责，谁解其中滋味？"听她说完，旅客放下正在阅读的《红楼梦诗词解析》，仿佛被魔棒点中，竟然温和了许多，说道："你也是红学迷？你真是冰雪聪明，竟然引用曹雪芹的一首诗来说服我。"

此后张先生态度大转变，甚至站在乘务员的立场，帮乘务组给那些起哄的旅客做起了解释工作。客舱的不安情绪逐渐得到了平息。

分析：

案例中的乘务长沉着冷静，察言观色，虽然航班延误造成旅客出现焦躁情绪甚至投诉的情况屡见不鲜，但依然要谨慎处理，尽量化解。特别是面对VIP旅客的时候，乘务长更体现出了善于观察的能力，寻找到旅客喜读《红楼梦》的切入点，用旅客喜欢并能接受的方式来沟通，从而做到了有礼有节，同时运用自身所积累的丰富文化知识巧妙地与旅客进行互动，并通过暗喻暗示旅客，成功地化解了危机，完美地解决了问题。

练习题

1. 简述不正常航班产生的原因。
2. 简述不正常航班旅客服务的注意事项。
3. 搜集相关案例，并进行相关案例服务模拟练习。

第七章　国际航班服务

教学目标

1. 了解国际航班的定义和内容。
2. 了解海关、移民局和检疫规定。
3. 了解免税品服务要求。
4. 了解国际航班服务注意事项。

第一节　国际航班的定义

国际航班是指中华人民共和国境内一点或者多点与国外一点或者多点之间的飞行航线。国际航班与国内航班的差别在于时间长、机型大、遵守的法规多。国际航班的乘务员需要了解海关、检疫和移民局的相关规定。

一、国际航班相关内容

（一）国际航线
国际航线是指中华人民共和国境内一点或者多点与国外一点或者多点之间的飞行航线。

（二）地区航线
地区航线是指内地与香港特别行政区、澳门特别行政区和台湾地区之间的飞行航线。

（三）通关
通关是指出境人员向海关申报、审查、完税、放行的过程。

（四）申报
申报是指出境人员应履行《中华人民共和国海关法》中规定的义务，对其自身携带出境的行李物品的实际情况依法向海关做出书面申请。

（五）海关

海关是指依照《中华人民共和国海关法》及其他相关法律、法规，监管进出境的货物、行李物品，征收关税和办理其他海关业务。

（六）边防

边防是指对出入境人员的相关证件和携带的物品进行检查。

（七）检疫

检疫是针对出入境人员依法实施如下主要卫生检疫内容：入境、出境的微生物、人体组织、生物制品、血液及其制品等特殊物品的携带人、托运人或者邮递人必须向卫生检疫机关申报并接受卫生检疫，未经卫生检疫机关许可，不准入境、出境。

（八）出入境卡

出入境卡包括航班号、出发地、目的地、姓名、出生日期、性别、职业、国际、护照号、所在国家住址。出入境卡填写姓名需要用英文大写字母，无论前往哪个国家，都要用英文填写，需要本人签字。

二、国际航班相关法规

（一）《中华人民共和国海关法》的相关规定

具体如下：

第三条 按规定应该向海关办理申报手续的进出境旅客通关时，应该首先在申报台前向海关递交申报单或者海关规定的其他申报单证，如实申报其所携带的出境行李物品。

第五条 申报手续应该由旅客本人填写申报单证向海关办理，如果需要委托他人办理，应该由本人在申报单上签字。接受委托办理申报手续的代理人应该遵守本地规定对其委托人的各项规定，并应当承担相应的法律责任。

第六条 旅客向海关申报时，应该主动出示本人的有效出入境证件，并交验相关主管部门签发的准许有关物品出入境的证明、商业单证及其文件。

第八条 经海关办理手续并签章交由旅客收执的申报单副本或者专用申报单证，在有效期内旅客应该妥善保存，并在申请提取分离运输行李物品或者办理相关手续时，主动向海关出示。

第十一条 在海关监管场所，海关在通道内设置专用申报台供旅客办理有关出入境物品申报手续。海关设置"申报"通道和"无申报"通道供出入境旅客依照本规定选择。

第四十六条 旅客个人携带出入境的物品或者邮寄出入境的物品应该自用，合理数量为限。

第四十七条 出入境的物品应该如实申报，并且接受海关查验，海关加施的封条任何人不能开启或者损毁。

第四十九条 逃避海关监管，有下列行为之一，构成走私罪：

（一）运输、携带、邮寄国家禁止出入境的毒品、武器、伪造货币，以牟利、传播为目的的运输、携带、邮寄淫秽物品，或者运输、携带、邮寄国家禁止出入境的文物。

（二）以牟利为目的，运输、携带、邮寄除前项所列物品外的国家禁止出入境的其他物品、国家限制出入境或者依法应当缴纳关税的货物、物品。

（三）未经海关许可的货物、物品，无论数额大小都是走私罪。

（四）以武装掩护走私的，以暴力抗拒检查走私的货物、物品无论数额大小都是走私罪。

（二）《中华人民共和国出入境边防检查条例》的相关规定

具体如下：

第七条 出境、入境的人员必须按照规定填写出境、入境登记卡，向边防检查站交验本人的有效护照或者其他出境、入境证件（以下简称出境、入境证件），经查验核准后，方可出境、入境。

第八条 出境、入境的人员有下列情形之一的，边防检查站有权阻止其出境、入境：

（一）未持出境、入境证件的。

（二）持有无效出境、入境证件的。

（三）持用他人出境、入境证件的。

（四）持用伪造或者涂改的出境、入境证件的。

（五）拒绝接受边防检查的。

（六）未在限定口岸通行的。

（七）国务院公安部门、国家安全部门通知不准出境、入境的。

（八）法律、行政法规规定不准出境、入境的。

第十五条 出境、入境的人员有下列情形之一的，边防检查站有权限制其活动范围，进行调查或者移送有关机关处理：

（一）有持用他人出境、入境证件嫌疑的。

（二）有持用伪造或者涂改的出境、入境证件嫌疑的。

（三）国务院公安部门、国家安全部门和省、自治区、直辖市公安机关、国家安全机关通知有犯罪嫌疑的。

（四）有危害国家安全、利益和社会秩序嫌疑的。

第三十二条 出境、入境的人员有下列情形之一的，处以500元以上2 000元以下的罚款或者依照有关法律、行政法规的规定处以拘留：

（一）未持出境、入境证件的。

（二）持用无效出境、入境证件的。

（三）持用他人出境、入境证件的。

（四）持用伪造或者涂改的出境、入境证件的。

第三十三条 协助他人非法出境、入境，情节轻微尚不构成犯罪的，处以 2 000 元以上 10 000 元以下的罚款；有非法所得的，没收非法所得。

第三十七条 交通运输工具有下列情形之一的，对其负责人处以 10 000 元以上 30 000 元以下的罚款：

（一）离、抵口岸时，未经边防检查站同意，擅自出境、入境的。

（二）未按照规定向边防检查站申报员工、旅客和货物情况的，或者拒绝协助检查的。

（三）交通运输工具在入境后到入境检查前、出境检查后到出境前，未经边防检查站许可，上下人员、装卸物品的。

小结：

乘务员在执行国际航班前，应该认真学习掌握海关规定、出入境边防检查规定，做到既懂法又守法；熟悉各类外交名词，工作中做到有礼有节，维护国家形象。

三、外交名词简介

（一）大使

大使是一国派往他国和国际组织办理外交事务的最高级别的正式代表。

大使的主要职责：同驻在国政府保持政治联系，促进两国正常关系的发展，研究驻在国的情况和内外政策，保护本国国家权益。

（二）外交官

外交官是为一个国家从事外交事务的官员。外交官的任务是代表本国与其他国家进行双边或多边谈判。包括：大使、公使、代办、参赞、秘书以及武官、商务代表等。

（三）外交特权

外交特权是指一国派驻外国的外交代表（不论是常驻代表或临时使节）享有一定的特殊权利和优遇；豁免是指对驻在国管辖权的豁免，也可包括在外交特权之内。

（四）特使

特使是指一国派往他国负有特别使命的临时外交代表。特使负有的使命有两种：一种是礼仪性的，如出席另一国新政府的就职典礼、国王加冕仪式或高级官员的婚礼、葬礼；另一种是政治性的，如参加某个多边或双边谈判，就推动一项政策主张、申办某个国际会议（活动）、争取本国人士竞选某个国际职位游说一个（些）国家的政府。

（五）领事

领事是政府派驻外国、维护本国利益、保护本国公民及法人合法权益的官员，驻外领事馆是其工作机构。领事官员的重要职责之一是积极开展同领区内地方政府和社会各界的广泛联系和友好交往；利用各种合法渠道，广泛开展对外宣传工作，介绍本国在各方面的发展状况；采用一切合法手段调查接受国的经济、贸易、科技、文化和教育等方面的情况，并向本国政府报告。

练习题

1. 简述国际航班的定义。
2. 讨论遵守海关、边防法规的重要性。
3. 简述外交名词的定义。

第二节 免税品服务

免税品是由航空公司在国际航班上为旅客提供低于市场价格出售的商品。

一、免税品的意义

（1）方便旅客。为了让旅客得到更好的服务体验，很多航空公司都会有免税商品服务，免税商品服务可以丰富旅客漫长的旅途生活。由于免税商品价格便宜，商品样式繁多，所以受到了很多旅客的青睐。

（2）创造效益。免税品可以给航空公司带来一部分效益，良好的开展免税商品服务，不管从经济角度还是对飞机上服务水平的拓展上，都是一项利润颇丰的业务。一方面，销售免税商品可以加强乘务员与旅客的交流，提高空中服务水平；而且免税商品销售的平均利润超过了正常的零售业务，给航空公司带来更好的经济效益。

（3）打造品牌。越来越多的航空公司意识到提升旅客满意度是必要的，免税商品可以做到这一点，此外还可进一步拓展和打造自己的品牌。免税商品服务是国际航班上丰富旅客旅途生活的最佳方式之一，会提升旅客对航空公司品牌的认知度。

二、免税品服务的要求

（一）提前准备

（1）乘务长会在飞行前指定两名乘务员负责免税商品销售。

（2）乘务员要检查免税品车铅封是否完整，确认铅封号与核单表（飞机上免税品出售后需填写的表格，用于海关核销进口免税商品）一致后，方可打开免税品车。

（3）乘务员应该与地面工作人员按照核销单逐一清点数量，确认商品包装完整无损，数量正确；以及当日货币价格的汇率。

（4）乘务员应该对备用金清点清楚，还要对POS机、打印纸、计算器、塑料袋、铅封清点清楚。

（5）全部核对完毕，乘务员对免税品车进行上锁并铅封放置在规定位置。

（二）机上免税商品销售服务

（1）提前把免税商品目录放在旅客的座椅袋内，销售服务前应该广播介绍免税商品的种类以及付款方式和币种（见图7-1）。

（2）乘务员在销售时需要提供免税商品价格表，介绍免税商品的品牌、产地、购买数量等，供旅客选购时参考（见图7-2）。

（3）乘务员免税商品推车应由前向后移动，所有商品必须商标朝旅客摆放整齐。

图7-1　免税商品目录

（4）销售免税商品时，按当天汇率准确计算、收取免税商品的货款。

图7-2　乘务员免税商品服务

（三）销售完毕

（1）负责销售免税品的乘务员要在飞机着陆前完成销售款项的核算，将免税车内的商品数量、种类、铅封号以及存放位置记录交给乘务长。

(2)乘务长在填写好的核销表上签字,将乘务联留底备查,并妥善保管免税商品车的钥匙。

(3)应指定专人保管账目、现金,免税商品车必须上锁和铅封。

(四)收款方式

飞机上免税商品有三种收款方式:现金、信用卡、旅行支票。

(1)现金收款。飞机上免税商品销售接受人民币、美元、日元、韩元、欧元、港币付款。

(2)信用卡付款。飞机上一般可以接受4种信用卡:万事达卡(Master Card)、维萨卡(VISA Card)、美国运通卡(American Express)、日本JBC卡(Japan Credit—JCB)(见图7-3)。

(3)旅行支票。飞机上仅限于用美元支票(Travellers Checks)。

图7-3 信用卡样式

(五)收款方式操作

(1)乘务员需要掌握POS机的使用方法,熟悉各类免税商品的标号。

(2)在进行信用卡收款时,首先要核对信用卡的有效期,有效期15日内不能使用。

(3)刷卡前乘务员必须核对信用卡姓名与护照姓名,旅客姓名是否一致,只限旅客使用本人信用卡,一人只能刷一张信用卡。

(4)乘务员需要确认旅行支票是否有旅客签名,支票下方的签名处应该是空白,否则该支票不能使用。

(5)乘务员要核对旅行支票两次签名的笔迹是否一致。

(6)乘务员见签名的同时也要将旅客的护照号码、国籍、出生年月日填写在支票背后。

三、免税品服务的注意事项

(1)广播通知。免税商品销售服务前应该广播通知旅客。

(2)两舱优先。两舱旅客可以优先购买免税商品,由乘务员向旅客进行介绍,免税商品车不得进入两舱区域。

(3)环境控制。乘务员进行免税商品销售时应该避免大声喧哗;夜间飞行,免税商品销售服务时间不宜过长，以免影响旅客休息。

（4）仔细清查。负责销售免税商品的两名乘务员需要熟悉当日比价，必须共同结算，在确保免税商品、销售金额无误后签名。

（5）遵守规定。乘务员要掌握各国海关规定，在各国境内飞行期间、地面等候期间不得销售飞机上的免税商品。

小结：

免税品服务既受旅客欢迎，又能为航空公司增加收益，乘务员要了解免税品的服务流程和要求，掌握POS机的使用和现金识别技能，提高旅客满意度。

练习题

1. 免税品的定义。
2. 做好免税品服务的意义。
3. 免税品服务流程。
4. 免税品服务的注意事项。

第三节　国际航班注意事项

乘务员执行国际航班来往于各个国家之间，应该严格遵守各国的规定，尊重他国的宗教信仰和风俗习惯。乘务员要牢记：个人的言行举止代表着国家形象和国民素质。

一、航班管理要求

（一）做好文件交接

乘务员要认真与地面工作人员做好国际航班文件的交接工作，一般包括：总申报单、旅客名单、舱单、货单和票证单据等，具有严肃性和法规性要求。

（二）加强证件管理

护照、通行证等证件是执行国际航线乘务员的身份证明，乘务员在每次执行国际航班任务时必须携带，在办理出入境相关手续过程中，乘务员应该自觉出示证件并接受机场官员的检查。

（三）遵守法律法规

执行国际航班的乘务员要认真掌握各国出入境检验检疫规定，严格遵守各国法规、外事纪律，要友善礼貌，尊重当地的工作人员，要始终维护国家形象，体现乘务员良好的职业形象。

二、尊重各国文化习俗

世界各国风俗习惯繁多，乘务员执行国际航班要事先了解前往国家的文化以及风俗习惯，要注意尊重各国的风俗习惯和宗教信仰。

各民族不同风俗与禁忌：

（1）信奉伊斯兰教的国家每年都有斋月，斋月期间在日出后至日落前的时段里，即在穆斯林履行斋戒时不能在大街上或公共场所抽烟、喝水、吃东西。否则，将被穆斯林视为不尊重其宗教习俗，在沙特和海湾国家甚至会被处罚或被拘禁。遇到这种情况不要新鲜好奇，看热闹或者笑话人家，尽量避开他们朝拜的方向。一般伊斯兰国家都信仰伊斯兰教，穆斯林忌讳用左手传递物品，特别是食物。另外，女士不能与男士握手。穆斯林禁食猪肉、狗肉和无鳞的鱼。一些伊斯兰国家要求女性外出时一定要穿戴一种将头部以及全身罩住的黑色长袍。对于外国女性不会强制要求，但一定要戴头巾出行。

（2）信奉印度教的国家奉牛为神，牛在大街小巷上行走，人与车辆需要避让。印度、尼泊尔很多人不吃牛肉，也忌用牛皮制作皮鞋和皮质用品。

（3）信奉佛教的国家人们非常尊敬僧侣，有些国家忌讳摸小孩子的头部，认为这不吉利会生病。还有一些国家忌讳跷二郎腿、把脚底冲着他人。

小结：

乘务员要严格执行国际航班的管理规定，尊重各国文化习俗和宗教礼仪，展示中国乘务员良好的素质。

练习题

1. 简述国际航班的注意事项。
2. 谈谈如何成为一名合格的国际航班乘务员。

第八章 客舱管理

 **教学目标**

1. 了解客舱管理的意义。
2. 了解客舱资源管理相关理论。
3. 了解人为因素的影响。
4. 了解客舱管理的内容与要求。

第一节 客舱管理的概念

客舱管理涉及的内容多、要求高,乘务员需要掌握客舱管理和服务的标准定义和相关知识。对客舱中的冲突和差错进行有效管理,提高客舱的服务品质。

一、管理与客舱管理的定义

(一)管理

管理是为了实现某种目的进行的决策、计划、组织、指导、实施、控制的过程。管理的目的是有效和效益。管理的核心是人。管理的本质是协调,而协调的中心是人。

(二)客舱管理

客舱管理,顾名思义就是指客舱经理/乘务长为了实现航班的安全正常运行和达到标准的服务质量而进行的管理,包括对乘务组、旅客以及各种资源实施的统筹管理。

二、客舱资源管理

(一)客舱资源管理

客舱资源管理是指有效地运用所有可用资源以达成安全有效率的分行运作。

（二）人为因素

人为因素是指与人有关的任何因素。人为因素包括：工作和生活中的人，以及人与人，人与机器、程序、环境的关系。人为因素是航空系统中最灵活、最能适应和最有价值的部分。

（三）差错

差错是指一种人为失误，这种失误是对原本意愿的偏离，是无意识的，大多数由注意力分配不当、技能不熟练造成。

（四）违规

违规是指一种人为失误，这种失误是对标准或者程序的偏离，是有意识的，大多数由不按照规章执行、操作造成。

（五）冲突

冲突是指发生在同一空间的两个或两个以上互相对立的需要同时存在而又处于矛盾中的心理状态。冲突分为两种：一种是意识的，另一种是物质的。

（六）压力

压力是指由心理压力源和心理压力反应共同构成的一种认知和行为体验过程。

三、客舱管理的意义

（一）确保客舱安全

安全是航空公司最重要的社会责任，是民航事业最为重要的目的。确保客舱安全是乘务员提供给旅客的最优质的服务。良好的客舱管理能够建立规范的安全保证，指导乘务员遵守规章制度，按照标准程序执行，才能负责任地履行岗位职责，确保客舱安全。

案例分享：

某次航班，一位旅客登机后，看了看飞机上的座位、内饰，立刻大声说道："这个飞机太老了啊！"站在他后面的乘务员是这样回答的："先生，飞机是不会老的，只有乘务员才会老的。"旅客听后转头一看，立刻哈哈大笑起来。关于机型老旧的话题，为了消除其他旅客对飞机安全的质疑，乘务员可以以转移注意力、借题发挥的方法处理。例如，对旅客说："俗话说得好，老骥伏枥，志在千里，我们的飞机不管有多老，都是安全的，可以日行万里。"这样既直接回答了旅客还未明说出来的担忧，也会取得比较好的效果。

（二）实现优质服务

服务是乘务员的工作目标和核心，是航空服务生存和发展的命脉，提供优质的客舱服务是乘务员最重要的工作。优质服务的实现是客舱管理作用的体现。客舱乘务员只有付出真情细致和周到亲切的服务，旅客们在乘机过程中才能获得满意度、舒适度和惬意感的全方位服务体验。

案例分享：

某次航班上，一位旅客重重地放下了座椅靠背，刚好碰到了后面旅客放在桌板上的一杯水，后面旅客的裤子湿了一半，而前面这位旅客完全不知道后面发生了什么，依旧安然的休息着，后面的旅客看到前面旅客的行为很是生气，于是伸手就准备去推椅背，并且要和前面的旅客理论，这一幕刚好被一位乘务员看到，她及时阻挡了后面这位旅客的手，并且赶紧将手中的小毛巾递给了旅客，同时说道："这位先生怎么称呼您？在这里，我可要沾沾您的福气了！中国古语称水为财，您看这可是空中飞来的财气啊！真是一个好兆头，看来您今年一定发大财！"旅客听到这里不禁称赞道："你可真会说话。"乘务接着说："俗话说'百年修得同船渡'，咱们这一飞机的可都是有缘人啊！"运用合理的语言和合适的服务，是可以达到优质服务的目的的。

（三）提高运行效率

效率是一种和好的手段，实施客舱管理要及时提高运行效率。航空公司的运行效率体现在：航班准时，运行正常，成本精细和盈利效益。客舱管理一方面要提高人的工作效率，另一方面是实现物的利用效率，从而节约成本，增加利润，实现运行效率。

小结：

客舱管理是一门综合课程，覆盖的内容比较广，在航空界，从开始研究飞行机组人员的资源管理，之后又发展到对客舱乘务员、旅客以及他们之间互相关系的研究。有效的客舱管理能确保航班安全，实现优质服务，提高运行效率。

练习题

1. 简述客舱管理的定义。
2. 简述客舱资源管理的定义。
3. 简述客舱管理的意义。

第二节　人为因素影响

人为因素是客舱服务管理最主要的内容，乘务员要掌握冲突、差错和压力产生的原因和预防处置的方法，提高自我管理能力。

一、冲突

航班工作中会遇到各种各样的冲突,乘务员要了解冲突产生的原因,掌握解决冲突的方法,学会管理航班工作中的冲突,保证航班正常运行。

(一)冲突产生的原因

1. 理解的差异

客舱乘务员与旅客的冲突往往来自于理解的差异。人们看待事物喜欢从主观出发,这就容易产生误解,导致冲突的产生。例如,航班起飞前要求将靠近窗户的遮光板打开,当发生紧急情况时,窗外的阳光能够进入客舱缓解因断电造成的黑暗,同时又可以让乘务员和旅客观察到飞机外部的情况,做出正确的判断,这个要求是安全规定。乘务员在进行安全检查时会请靠窗的旅客帮助打开遮光板,此时旅客往往会因为阳光刺眼而不愿意合作,一旦乘务员反复要求旅客打开遮光板,就会造成乘务员和旅客之间的不愉快,乘务员和旅客对安全规章理解的差异容易引发彼此的冲突。

2. 性格的差异

性格是指一个人对现实的态度以及与之相适应的习惯化的行为。乘务员、旅客、机组成员之间的性格差异会引起冲突。例如,航班餐食可以选择时,性格随和的旅客往往不会计较,通常能够接受,但是性格固执的旅客会因为没有餐食可以选择而产生抱怨,此时乘务员若性格急躁、处事简单,就会引发冲突,从而影响航班服务质量。

(二)解决冲突的方法

航班中发生冲突时,乘务员要重视冲突发生的原因,停止争论,互相聆听,尊重对方,及时妥善解决冲突,以免冲突升级而引发抱怨、投诉,造成更大的影响。

1. 冷静控制原则

乘务员要在冲突管理中起到积极协调的作用。发生冲突之后,乘务员要以大局为重,保持冷静,控制情绪,应该停止争论,互相聆听,就事论事,而不是以情绪论事。

2. 换位思考原则

乘务员要学会换位思考,运用有效的沟通技巧缓解冲突造成的影响。要站在旅客的立场思考与理解。例如,乘务员在客舱巡视时,旅客问乘务员:"目前我们飞到哪里了?"如果不知道,乘务员应该主动去寻求机组人员的帮助,之后再回答旅客的问题,不能直接回答不知道,这样就可以避免冲突。

3. 求同存异原则

发生冲突时,乘务员要遵循求同存异原则,学会在各种冲突中寻找共同之处。如果遇到旅客与旅客之间的冲突,乘务员应该及时安抚双方的情绪,找到旅客的共同需求点,避免进行是非评论,帮助旅客双方进行协调沟通,达成共识。

二、差错

差错是客舱管理中最常见的问题。由于人的能力存在差异，总会有意无意地出现各种差错。乘务员要掌握差错的类别，了解差错可能引起的后果，对差错进行有效的预防。

（一）差错的类别

1. 技能的缺失造成的差错

由于乘务员的技术能力缺失而产生的差错，通常发生在飞行资历较浅、缺乏服务经验的乘务员身上。

2. 错误的操作造成的差错

由于乘务员违反规章要求而造成的差错是差错形成的主要原因。乘务员在执行航班任务过程中，会因各种情况而导致偏离标准。

3. 不良的习惯造成的差错

乘务员的不良习惯会造成各类差错。航班中乘务员易出差错的不良习惯包括：工作懒散、浪费时间、主观臆断、骄傲自满、缺乏交流、言行不一等。乘务员的好习惯能够形成团队合力，也可以避免错误的产生。

（二）差错的预防

差错会对航班运行造成不同影响和后果，乘务员要对差错进行有效的预防，有效控制差错的出现，一旦发生差错，乘务要采取合理的措施，不让差错形成连锁反应。

1. 执行标准的操作流程

乘务员应该通过严格执行标准的程序来防止差错的产生。航班正常运行离不开标准的程序，标准操作程序有助于防范差错的出现。

2. 加强团队沟通协作

航班的正常与否离不开客舱机组和飞行机组、安全员的默契配合，也离不开与其他部门良好的协作配合。

3. 重视总结反馈工作

乘务员要提示将航班中发生的各类差错进行上报和反馈，防止类似的差错重复发生。

三、压力

（一）压力的产生

压力是生活中客观存在的一个现实。无论是谁，从事什么工作，你都可能碰到压力。民航飞行更是以高技术、高要求、高强度和纪律性强著称，乘务员会遇到各种压力，乘务员的压力一般产生于以下情况：

（1）航班生产任务的压力。
（2）乘务员高度的责任和义务的压力。
（3）航班延误、客舱设备故障造成的压力。
（4）因能力缺乏带来的压力。

（二）缓解压力的方法

压力会明显地影响团队协作和工作效率，那么我们怎样正确对待压力呢？下面介绍四种方法：

1. 明确压力来源

首先，我们必须清楚压力来源，比如客舱乘务员准时、守时的压力会很大，一旦发生或者即将发生迟到的行为，会产生心跳加快和过分担心的明显压力征兆。为了避免发生这类现象，乘务员要充分准备，做到事前规划，这种感觉本身就能很好地缓解压力。

2. 不断调整心态，尽量保持乐观

压力下难免导致情绪低落，无精打采的状态会影响工作，为此，客舱乘务员需要及时采取各种措施，不断调整自己的心态，使自己始终保持一种积极向上的心态，以乐观的心态想象最好的结果。

3. 按照标准执行，不耽搁延迟

在压力出现时，应该专心执行正确的标准规范。同时，可以在当时办完的事情不要拖到数小时之后做。因为很多事情放着没有完成，本身就会造成巨大的心理压力。

4. 困惑及早倾诉，采用幽默减压

客舱乘务员在感到困惑、棘手或者有压力的时候，要及时寻求乘务组成员的帮助，及时倾诉，释放压力，或许还会得到其他组员给予的合理建议。

练习题

1. 冲突产生的原因？如何解决冲突？
2. 如何预防差错？
3. 谈谈压力对乘务员的影响。

第三节　客舱管理的内容与要求

客舱管理覆盖的内容多、要求高、涉及面广，主要包括旅客管理、餐食管理、机供品的管理、厨房管理、洗手间管理、飞机机组服务几个方面的内容，是影响客舱服务品质的主要因素。

一、旅客管理

为保证航班正常运行,乘务员需要对航班旅客进行全面管理,顺利完成航班任务。

(一) 可以不接受的旅客范围

(1) 是或者怀疑是吸毒者。
(2) 已知携带传染性疾病并在航班中有可能传染给其他人,或者该人无法提供有效证明无传染危险者。
(3) 是或者怀疑是中毒者。
(4) 要求静脉注射者。
(5) 干扰公共秩序者。
(6) 精神不健全,有可能影响飞机上人员或者自残者。
(7) 拒绝提供有效证明者。

(二) 责令下机的旅客

(1) 责令下机的范围:无票登机、无登机牌、登错飞机、表现为醉酒和证件不齐全等。
(2) 责令下机无效时:乘务员应该立即通知机长,要求机场公安采取措施强制该旅客下机。

(三) 睡觉的旅客

(1) 安全:提醒睡觉的旅客系好安全带,防止发生意外颠簸受伤。
(2) 巡视:注意巡视客舱,做好客舱服务提示。
(3) 细节:乘务员说话、动作要轻,除安全提示,尽量不要吵醒旅客
(4) 服务:预留旅客的餐食,提供毛毯服务,关闭阅读灯。
(5) 环境:夜航期间要适当调高客舱温度,调暗客舱灯。

(四) 晕机的旅客

(1) 关心:主动询问情况,帮助旅客擦净被弄脏的衣服、地毯和行李,送上温水、毛巾和清洁袋,如果座位被弄脏,有条件的可以帮助调换座位。
(2) 照顾:根据症状帮助旅客松开衣领,打开通风,解开安全带,调直座椅,可以用手在旅客后背自上而下的推抚,减轻旅客症状,征得旅客同意的情况下,提供清凉油在旅客的太阳穴处擦拭。

(五) 怀抱婴儿的旅客

(1) 安全管理:提供婴儿安全带,告知旅客正确的使用方法,提醒旅客起飞、颠簸和下降时系好安全带和注意各项安全要求,不安排怀抱婴儿的旅客坐在应急出口附

近和靠通道的位置。

（2）物品存放：指定一名乘务员上下机时帮助旅客提拿行李、安排座位并安放妥当，航程中帮助旅客拿取用品。

（3）设备简介：向旅客介绍飞机上的服务设备、呼唤铃、通风器和可供婴儿换尿布的浴室位置和使用方法。

（4）服务细致：乘务员要主动关心旅客，帮助冲泡奶粉，准备清洁袋和毛巾，及时清理废弃物，下降时告诉旅客可能会给婴儿耳朵带来不适，提醒旅客唤醒婴儿。

二、餐食管理

（一）安全管理

（1）乘务员应该在航前以及航程中做好餐食安全管理工作，为旅客提供卫生、安全的机上餐食。

（2）已经装机的餐食，若飞机上没有冷藏设备，一般可以在飞机上保存4小时，若飞机上有冷藏设备，可以在飞机上保存12小时，但保存温度不得超过10℃。

（3）如果餐食出现异味、变质、变色和过期等情况，乘务员要立即报告，并通知地面工作人员予以更换。

（二）规范操作

（1）乘务员要将冷热餐食和用具分开冷藏和加温，保证凉的必凉，热的必热。保持冷藏的餐车在供餐之前不得随便打开，以充分保持冷藏的温度。

（2）餐食提供时要根据服务标准做好供餐、酒类和饮品等服务。

（三）干冰要求

（1）干冰严禁放于烤箱内，以防止发生烘烤后的安全隐患。

（2）干冰严禁放于水槽内，防止水槽与下水管冰冻。

（3）机上配备的干冰可均匀分散放置于餐车的顶部，以降低餐车内的温度，保持食物的新鲜。

三、机供品管理

机供品是有限的资源，乘务员要根据配备量合理使用，遵循均衡性、节约性原则，减少浪费和损耗。

（一）均衡性

有些机供品是一次性配备上机，一般情况下不予加配，对于这些机供品，乘务员要事先做好均衡的调配，防止出现分配不均的现象。例如，飞机上的报纸一般是一次性配备，过站期间不予补充，当连续执行多个航班时，乘务员需要根据预报人数进行合理均衡的分配，避免发生因前一个航班发放完毕而造成后续航班无法提供的状况。

（二）节约性

乘务员在使用机供品时要注意节约，避免大手大脚，随意浪费。例如，饮料打开后，盖子要存留起来，饮料供应完毕后将盖子拧紧，以免发生无法保存而只能倾倒饮料的情况。又如，清洁卫生间的洗手池时，乘务员不要抽取一厚叠纸巾擦拭，要养成节约的好习惯。

四、厨房管理

（一）干净整洁

乘务员要保证厨房区域的冰箱、烤箱、保温箱、储藏室的干净整洁；保持厨房台面、地面的整洁，不要将油状液体、牛奶、果汁倒入池中，应该倒入马桶。

（二）规范操作

厨房内的所有服务用具要轻拿轻放，轻开轻关，并保证用具干净、无污物。不要将塑料纸或者纸类用品放入烤箱或者保温箱内，按照要求，起飞、下降期间将所有厨房用电关闭。

五、洗手间管理

（一）洗手间清洁

乘务员要保持洗手间清洁卫生、无异味，原则上头等/公务舱洗手间1人次、经济舱洗手间3人次使用后打扫一次，做到镜面、台面、地面、马桶周围干净无污迹，及时补充洗手间卫生用品，并按照规定摆放整齐。

（二）洗手间监控

乘务员要做好洗手间的监控，关注烟雾探测器的工作状况，防止旅客在洗手间内吸烟影响客舱安全。当旅客长时间滞留在洗手间内时，乘务员要主动用敲门和询问的方式了解旅客的情况，如果发生旅客在洗手间内昏厥的情况，乘务员可以直接打开洗手间进行救助。

六、飞行机组服务

（一）总体要求

乘务组要主动有礼，大方得体，确保与飞行机组的信息沟通及时准确，避免擅做主张和主观判断。

（二）机组协同
乘务组要主动与飞行机组沟通，根据机组协同标准，逐一进行详细的准备和协同，了解航线天气以及相关信息。

（三）餐饮服务
（1）准备阶段工作完毕后，应提供机组饮料和毛巾，注意茶水勿倒过满，拧紧瓶盖。

（2）为机组供餐的时间应事先询问机组每位成员，按需、按规定提供。需要给机长和副驾驶提供不同的餐食。

（3）为机组提供饮料、餐食需要使用托盘，注意平稳安放，防止打翻。

（四）注意事项
（1）进入驾驶舱，应按照事先定好的联络暗号执行，防止有人尾随进入。

（2）所有送入驾驶舱的餐具应在用完之后及时收回。

（3）与机组交流时，应该确认机组工作情况，避免打扰机组正常飞行操作。

（4）飞行实施阶段，全程做好驾驶舱安全监控，禁止非机组人员进入。

（5）离开驾驶舱，应从观察孔中观察外部情况，确认安全方可开门离开。

（6）如果驾驶舱不慎打翻饮料，乘务员需要在机组人员的指导下予以清洁，切勿自行盲目擦拭，以免造成对仪表、仪器的间接损坏。

小结：

乘务员在实施客舱管理过程中要通过合理调配资源、建立岗位职责和良好的团队合作来实现既定的航班目标。

练习题

1. 旅客管理的内容和要求有哪些？
2. 餐食管理有哪些要求？
3. 机供品管理有哪些要求？
4. 厨房管理有哪些要求？
5. 机组服务管理有哪些要求？

第九章 民航知识扩展

第一节 最新机型展示

一、空中客车 A380

（一）空中客车 A380 机型简介

空中客车公司于 20 世纪 90 年代早期开始了超大型客机的研发计划。每家飞机制造商都希望能制造出波音 747 这种庞大客机的后继者，但 600 座至 800 座客机的市场只能容纳一种飞机。过去道格拉斯 DC－10 和洛克希德 L－1011 三星客机已证明了瓜分这些细小市场的风险。1993 年 1 月，波音与数家空中客车的合伙飞机制造商开始共同研究制造超大型商用飞机（Very Large Commercial Transport，VLCT）的可行性，并以合作建造的形式为目标。

空中客车 A380 是载客量最大的客机，有"空中巨无霸"的称号。它在旅客运力上有很大的优势，典型的三舱（头等舱—商务舱—经济舱）布局下可承载 525 名旅客。空中客车 A380 飞机被空中客车公司视为其 21 世纪的"旗舰"产品。空中客车 A380 在投入服务后，打破了波音 747 在远程超大型宽体客机领域统领 35 年的纪录，结束了波音 747 在市场上 30 年的垄断地位，成为载客量最大的民用客机（见图 9－1）。

图 9－1 A380 外型

空中客车 A380 采用了更多的复合材料，改进了气动性能，使用新一代的发动机、先进的机翼和起落架；减轻了飞机的重量，减少了油耗和排放，每公里油耗及二氧化碳排放更低；降低了营运成本，空中客车 A380 机舱内的环境更接近自然。客机起飞时的噪声比当前噪声控制标准（ICAO）规定的标准要低得多。空中客车 A380 是首架每旅客（座）/百公里油耗不到3公升的远程飞机。

空中客车A380 2005年4月27日完成首航，2007年10月25日完成第一次商业飞行任务。2009年7月9日，新加坡航空开通首班新加坡至香港A380航班。2011年10月17日，空中客车A380正式执行中国大陆第一个载客飞行任务，首飞北京到广州航线。2012年3月1日，南航第三架A380平稳降落在北京首都国际机场，并于3月2日正式投入运营北京—香港航线。

空中客车A380飞机的命名过程也非常有意思。按照空中客车公司的惯例排序，新型客机的名称应该为A350，但据空中客车透露，走过千年，跨入新世纪，空中客车在技术上也需要一个大的飞跃，所以要跨过A350，应当取名为A360。但是，A360在英国的航空语言里是转圆圈的意思，空中客车当然不愿意只转圆圈。接下来应当是A370，然而，在空中客车的眼里，7和竞争对手波音有着标志性的联系，波音的飞机开头的数字都是7，而下面的数字"8"在亚洲尤其是大中华文化圈内是一个有口皆碑的吉利数，因此这款未来的大客机便取名为"A380"。

空中客车A380有着新奇大胆的设计，由于体积庞大，与其他飞机相比，A380能更好地降低座距离成本。空中客车A380与波音747-400相比，空中客车A380多提供约35%的座位和49%的地板空间，这使其拥有更宽的座椅和更开阔空间，而且座位英里成本比最有效的飞机低15%~20%。空中客车公司在最初的可行性研究过程中，将A380的翼展和机身总长度限定在80×80米，以避免大型机场的重新建设。这种限制是根据国际民航组织（ICAO）和国际机场委员会的建议设定的。空中客车公司在A380的诸多设计中均考虑了机场兼容性，这使机场只需用最低限度的投资进行最小的改进就能适用这一超大容量机型的运营。为了缩短登机和离机的时间，需要机场方面重新设计新的基础设施。

根据国际民航组织的批注，空中客车A380对运营机场的要求是，只要跑道能运营波音747飞机的机场，均可接纳A380飞机。A380能与45米宽的跑道和23米宽的滑行道相兼容，20个主机轮减少了对地面载荷的影响，并与现役的商用飞机的操纵性相当。为了提高飞机滑行的准确性，A380飞机的方向舵和机翼下装有摄像机，使飞行员能更清楚地了解飞机的位置。

空中客车A380机身庞大，易产生尾迹湍流问题，目前，A380飞机的尾迹涡流和飞机间隔的研究已经完成。空中客车A380的涡流对后面飞机的影响与波音747相似，不需要修改间隔标准。不过国际民航组织（ICAO）研究也发现，A380客机引起的气流比波音747客机大，因此，由多个民航组织成立的工作小组建议，A380客机起飞后，中、小型航机要隔3分钟后才能使用跑道，大型航机亦要等候2分钟。

A380拥有全新的驾驶舱，并位于机身最前方，在两层客舱中间的高度，采用双人体制，应用新式的交互式显示屏和由以太网连接的扩展性集成航空电子模块。A380虽然采用了新设计，同时也保持了运营通用性的优点。A380具备与空中客车公司其他电传操纵系统飞机相同的驾驶舱布局、程序和操作特性，从而减少了飞行员的培训时间（见图9-2）。

图9-2 A380驾驶舱

空中客车A380的驾驶舱有8个液晶显示器，包括2个主要飞航显示器（Primary Flight Displays，PFD）、2个导航显示器（Navigation Displays，ND）、1个发动机参数显示器（Engine Parameter Display）、1个系统显示器（System Display）和2个多功能显示器（Multi-Function Display，MFD），这两个多功能显示器为飞航管理系统（Flight Management System，FMS）提供操作界面。

空中客车A380作为典型的三舱型飞机（头等舱—商务舱—经济舱），可承载555名旅客（其中，上层客舱199人，下层客舱356人），采用最高密度座位安排时可承载861名旅客。空中客车A380典型经济舱座位布置为下层「3+4+3」形式，上层为「2+4+2」形式。考虑到旅客的舒适性，空中客车A380还使用了更高效的空气过滤设备。

空中客车A380全双层宽体机舱设计为每一位旅客提供了更加宽敞的空间。机舱内的空气每3分钟就可以更换一次。220个舷窗让机舱内可以享受更多的自然光。

A380的机舱配备了为客机研发的最先进的机上娱乐系统，光纤配电网络使电影、视频游戏和电视节目的选择更加灵活、完备。在飞机上，旅客还可以使用便携式计算机，可以拨打电话。飞机上还有更多的开放空间，比如商务中心。底舱可设置为休息区、商务区、酒吧或其他的娱乐区，按照不同航空公司的需求，还可安排其他设施，如理发店、卧铺、赌场、按摩室或儿童游戏场。宽大的空间可在头等舱内安排私人套间，甚至包括含淋浴设施的浴室。

（二）空中客车A380客机的优点

（1）座位面积大。空中客车A380的座位面积比直接竞争机型大1/3左右，并且有更多的地板面积。A380舒适度高，座椅和通道更加宽大，拥有宽阔的空间让旅客伸展腿部，并可享用底层设施。

图 9-3　A380 商务舱座椅

（2）噪声和废气排放低。空中客车 A380 显著地降低了噪声和废气排放。由于采用了新一代发动机和先进的机翼，起落架也进行了新的设计，并采用了新的技术，空中客车 A380 将不但符合国际的噪声控制标准，同时也比目前世界上最大的客机还要安静。

（3）燃油。空中客车 A380 燃油的经济性比其直接竞争机型要提高 13% 左右，这将减少废气排放对环境的危害。

（三）空中客车 A380 客机的两种类型

（1）空中客车 A380-800 型飞机。空中客车 A380-800 型飞机为基本型，标准三级客舱布局 555 座，航程为 15 000 公里。2000 年 7 月 24 日，阿联酋航空（Emirates）为计划中的 A3XX 超大型运输机签下订单，新加坡航空、阿联酋航空、澳洲航空、法国航空成为其首批用户。此外，还有德国汉莎航空、韩国大韩航空、中国南方航空等也已陆续购入空中客车 A380 并投入商业运行。

（2）空中客车 A380-900 型飞机。空中客车 A380-900 型飞机为基本型加长型，标准客舱布局 656 座。

（四）中国首架空中客车 A380 客机

2011 年 10 月 14 日，欧洲飞机制造商空中客车（空中客车）公司在法国图卢兹向中国南方航空（南航）公司交付了中国首架空中客车 A380 飞机。该飞机采用英国 A380 罗尔斯·罗伊斯公司生产的遄达 900 型发动机，是目前已投入运营的世界上最大、最先进的民用飞机。

10 月 15 日上午 10 时 30 分，中国南方航空公司首架空中客车 A380 飞机抵达北京首都国际机场，南航成为中国首家、全球第七家运营空中客车 A380 飞机的航空公司。

2011 年 10 月 16 日，中国南方航空股份有限公司在北京举行新闻发布会，宣布该公司首架空中客车 A380 飞机成功通过民航总局的验证飞行，获得运行资格。这架飞机于 17 日首航北京至广州航线，18 日开始商业飞行（见图 9 - 4）。

图 9 - 4　中国南方航空公司 A380 客机和空中乘务员

二、空中客车 A350

A350 是欧洲空中客车公司研制的双发远程宽体客机，是空中客车的新世代中大型中至超长程用广体客机系列，以取代较早期推出的空中客车 A330 及 A340 系列机种。2014 年投入生产。A350 是在空中客车 A330 的基础上进行改进的，主要是增加航程和降低运营成本，同时也是为了与全新设计的波音 787 进行竞争。空中客车公司 A350 项目于 2005 年 10 月 6 日正式启动，于 2013 年 6 月 14 日首次飞行，首架 A350XWB 于 2014 年 12 月 22 日交付启动用户卡塔尔航空公司（见图 9 - 5）。

图 9 - 5　空中客车公司的 A350 飞机
交付卡塔尔航空公司

当波音宣布其 7E7 "梦幻客机"（现称为 787）计划时，宣称其较低的营运成本会对空中客车 A330 构成严重威胁。空中客车最初否定了此说法，认为只是对 A330 的攻击，对 7E7 计划不予回应。

航空公司催促空中客车公司提供一款新飞机与 787 竞争，因波音曾承诺 787 的耗油量比 A330 低 20%。起初，空中客车公司提议一种 A330 的衍生型，称为 A330 - 200Lite，其空气动力设计及引擎均有所改善。然而航空公司不满其性能改善幅度太小，因此空中客车投入 40 亿欧元于新设计方案，并定名为 A350。最初的 A350 与 A330 十分类似，因为两款型号皆使用与 A330、A340 相同的机身结构，并且配上新的机翼、引擎及水平稳定翼，加上新的复合材料和机身制造方法，令 A350 "差不多"成为一款全新飞机。

2004 年 9 月 16 日，空中客车总裁兼首席执行官（CEO）佛吉尔德（Noël Forgeard）证实，该公司正研究一项新计划，但没有给予正式名称，亦没有明确指出计划中的飞机为全新设计，或是从现有型号改造而成。佛吉尔德指出，空中客车会于 2004 年年底落实有关概念，2005 年年初咨询各航空公司，并于 2005 年年底展开有关发展计划。

2004 年 12 月 10 日，空中客车公司的股东欧洲航空防务太空公司（EADS）和英国宇航系统公司（BAE Systems）批准相关计划并正式将其命名为 A350。为了不影响 A330 的市场地位（因两者的载客量相近），A350 设计为做较长途飞行，航程由 7 500 至 8 800 海里。这正好与波音 787-9 及 777-200ER 客机争夺市场。A350-900 则为空中客车首架能与波音 777-200ER（航程及载客量方面）匹敌的双引擎客机，因而外界对其十分感兴趣。然而，空中客车的 A330 则必须与波音的 787-3 及 787-8 竞争。

空中客车 A350 将于与 A330 及 A340 相同的设施内生产及装嵌，同时亦加入更多分布于中国、俄罗斯及世界各地风险分担伙伴的。预期同类型飞机（包括货机）在未来 20 年的市场需求量为 3 300 架，空中客车公司预计能占市场一半。

其后，美国及欧盟就对波音公司及空中客车公司的政府支持发生贸易纠纷，A350 计划因而受到影响。一项能追溯至 1992 年的协议及世界贸易组织所订下的条例，均决定哪些政府给予飞机制造商的资助是允许的。美国强调欧盟于得到有利的情况下给予空中客车公司的贷款违反有关条例，并向世界贸易组织提出投诉。欧盟则做出回应，指波音公司将得到的可疑资助用作发展波音 787 及其他飞机，以及怀疑其从军事计划中获得资助。

2005 年 1 月 11 日，美国及欧盟宣布同意透过双向会谈来解决这次空中客车公司及波音公司的资助分歧。美国及欧盟均停止给予有关公司新的资助。然而，本来成功的谈判最后以失败告终，因为英国政府临时批准资助空中客车。英国政府将给予空中客车 3.79 亿欧元的资金，来换取英国建造 A350 合成机翼的权利，进而提供近 10 000 工作职位。

因外界的各项批评，空中客车公司于 2006 年中就 A350 概念做了一次重大的探讨和研究。有推测指出经修订的飞机将被命名为 A370，然而 2006 年 7 月 17 日，空中客车宣布重新设计的飞机将被命名为 A350XWB。

新飞机的机身宽度比波音 787 大少许。空中客车公司将提供 3 种 A350 型号，其中一个型号的航程将超过 8 800 海里，超越波音 787 及原本的 A350。此双走道客机的经济客舱能并列 9 个座位，而不是原本的 8 个座位。空中客车打算令 A350XWB 能够与波音 787 及较大型的波音 777 竞争。

与原本的空中客车 A350 一样，A350XWB 机翼为碳化纤维合成结构，机身亦会大量使用碳化纤维合成物。以前，空中客车曾担忧此类结构于地面发生碰撞时的完整性。此外，A350XWB 将附设特大窗户，其驾驶舱亦会以 A380 为基础。

永不停止的技术和创新，创造出了满足市场需求，具有无与伦比的经济性的飞机。

在研发 A350 这一新机型时，空中客车公司利用其先进技术和对最新技术创新的持续投资，对飞机的维修性和运营效率做了显著改进，以确保新机型客户能够获得有价值的技术优势。此外，A350 还延承并进一步扩大了 A380 拥有的先进技术。

图 9-6　A350 飞机模型

A350 飞机上 60% 的结构采用多种先进的、经过技术验证的轻质混合材料制造，如最新的铝锂合金和碳纤维修增强塑料（CFRP）。先进的设计和制造技术，再加上借鉴了 A380 的"偏倾前缘"技术，使得全新的 A350 复合材料机翼具备了非比寻常的高、低速效率。第三代铝锂合金的应用，不仅由于材料密度降低减轻了机体重量，同时还可以采用与现有的铝合金零件相同的技术和方法对新材料的零部件进行修理（见图 9-6）。

A350 全新的客舱设计灵感源自于 21 世纪的旗舰飞机——A380 所独有的舒适性和客舱空间设计。专为远程飞行设计的 A350 具有高雅的风格和舒适性，不仅高个子的旅客可以享受到更大的头顶空间，而且所有旅客都能享受到更宽的客舱和更高的礼遇。

A350 拥有更多的放置随身行李的空间：每位经济舱旅客都能将行李放在宽敞的座椅上方，公务舱的旅客每人至少可以携带两个旅行包。空中客车先进的气流管理和过滤系统可以为高标准的客舱提供清洁、湿润的空气。A350 采用固态照明技术，与新一代机载娱乐系统和电话服务完全兼容。整个客舱将通过空中客车独特的客舱交互式数据系统（CIDS）来进行管理。A350 新的驾驶舱系统也让飞行员从中受益，可以提高信息传送质量，从而提高驾驶能力。A350 飞机还采用了 FlySmart 和空中客车的少纸驾驶舱（Less Paper Cockpit）技术。经过突破性创新，空中客车公司首创了独立而完整的驾驶舱机组休息区，既方便了飞行员休息，又增加了客舱放置旅客座椅的空间。

A350 计划于 2010 年交付客户使用，它将成为 A330 用户发展远程运营的理想补充机型，还可作为 A340 系列飞机的补充。A340 系列飞机是 295~380 座不等的远程飞机，航程可以达到 7 500 海里，不受双发延程飞行（ETOPS）条件的限制。A350 还是空中客车电传操纵系列飞机的成员，客户将可以继续受益于由空中客车独特的操纵通用系统所带来的成本效益和灵活性，包括混合机队运营和机组交叉驾驶资格。

A350 是适应市场需求推出的全新飞机，与同类竞争机型相比，A350 飞机拥有的不断的技术创新、较低的维修成本和高效的燃油效率将为航空公司带来最大的收益。

空中客车 A350 的这些优势包括航程更远，座位更多，因此经济性更好，客舱更舒适，不仅与 A330/A340 系列享有运营通用性，而且与空中客车家族的其他成员享有运营通用性，这给航空公司大大节省了培训和维护费用。

在双通道类飞机中，航空公司需要多达 3 100 架 250~300 座级的飞机，这正是

A330 和 A350 飞机所针对的市场。A350 的目标是在同级别飞机市场上取得至少 50% 的份额，与空中客车总体商业竞争目标一致。

竞争机型在复合材料的使用上进行了充满风险性的跨越，而空中客车 A350 复合材料的使用比例则是在 A380 的基础上稳妥增加的。同时，A350 的技术在 A330 和 A340 的基础上又迈进了一步，而且很多技术来自 A380 的研发。空中客车对 A350 研发和交付的时间段充满信心。

与 A330 比较，A350 配备全新机舱、机翼、机尾、起落架及各项新系统。一些原为 A380 发展出来的技术均可在 A350 上找到，其中一项为大量使用复合物料。总括来说，整架 A350 客机约有 75% 会使用先进物料建造，复合物料占 53%，铝—锂合金占 23%，钢铁占 14%，铝占 11%，钛占 9%，剩下的为其他物料。A350 亦配备新的复合物料机翼及机身，主要使用铝—锂合金建造。使用大量复合物料及铝—锂合金能有效减轻飞机重量达 8 000 公斤（17 600 磅）（见图 9-7）。

图 9-7　A350 外型

空中客车计划使用原为波音 787 开发的涡轮发动机技术，如罗尔斯·罗伊斯瑞达（Trent）1000 及通用电气 GEnx（通用电气至今还没有确认为空中客车 A350XWB 提供引擎）。

更新旧款飞机来应付新推出的飞机早已有先例。波音为了达到 A320 相应的营运成本，于是更新旗下的波音 737 系列，导致第三代 737-737NG（Next Generation）的出现。然而，空中客车已经决定生产一款全新机种（A350 XWB），而非改良现有飞机。

第二节　乘务工作专业术语

航班：按规定的日期、时刻，在规定的航线上使用规定的机型进行的运输飞行。

航线图：标明飞机飞行航线、距离及地点的图示。

飞行任务：飞机所执行航班计划。

飞行任务书：全称《乘务飞行任务书》，具体内容包括飞行机长姓名、乘务组人员名称及舱位等级、飞机号、航班信息以及旅客人数情况等。

签到：飞机起飞前在规定的时间内到客舱调度部门，在所执行的航班上签名或在电脑上确认。

准备会：飞行前按规定的时间参加由乘务长组织的行前乘务组会，主要内容有复习航线机型知识、分工、了解业务通知、制定服务方案和客舱安全紧急脱离预案。

回收：将机上剩余的供应品等清点后放入规定用具箱、水车内，铅封好并填好回收单的工作过程。

操作分离器：将飞机舱门紧急滑梯的手柄移动至预位（自动）或解除（人工）位置的过程。

机上值班：长航线餐饮服务后，为保持乘务员的精力和体力而采取的轮换工作制度。

安全检查：飞机在起飞、下降、着陆、颠簸或紧急情况下，为确认旅客及各种设施符合安全规定而进行的检查。

旅客名单：写有旅客姓名、目的地、座位号等内容的单据，通常由地面工作人员在飞机起飞前与业务袋一起送上飞机。

预先准备：空中服务的四个工作阶段之第一个阶段，是指从确认接收航班任务至乘务员登机前所做的各项准备工作。

直接准备：空中服务的四个工作阶段之第二个阶段，是指乘务员登机后至旅客登机前的准备工作。

空中实施：空中服务的四个工作阶段之第三个阶段，是指旅客开始登机至飞机落地停稳旅客离开飞机后所有的服务工作。

航后讲评：空中服务的四个工作阶段之第四个阶段，是指完成航班任务后的工作讲评。

载重平衡表：载重平衡表是航班载运旅客、行李、邮件、货物和集装设备重量的记录，它是运输服务部门和机组之间、航线各站之间交接载量的凭证，也是统计实际发运量的根据。载重平衡表记载着飞机各种重量数据。

载重平衡图：以空机重心指数作为计算的起点，以确定飞机的起飞重心位置，并根据飞机重心位置的要求，妥善安排旅客在飞机上的座位和各货仓的装载量的填制图。

随机业务文件袋：包括总申报单、旅客舱单、载重平衡表、货运单及邮件路单等业务文件，以及客、货、邮舱等图。

第三节　乘务专业代码

一、乘务专有词汇

头等舱：First Class（简称 F 舱）
公务舱：Business Class（简称 C 舱）
普通舱：Economy Class（简称 Y 舱）
经济舱：Budget Class（简称 K 舱）
主任乘务长：Chief Purser（简称 CF）

乘务长：Purser（简称 PS）
头等舱乘务员：First – class Stewardess（简称 FS）
公务舱乘务员：Commercial Stewardess（简称 CS）
女乘务员：Flight Attendant（简称 SS）
ACARS 系统：驾驶舱内用于传输旅客名单的一套电子系统
CIQ：Custom（海关），Immigration（移民局），Quarantine（检疫）

二、客舱服务用具（中英文对照）

餐车：Meal Cart
饮料车：Beverage Cart
用具车：Appliance Cart
供应品车：Supply Cart
酒车：Alcohol Cart
烤炉架：Oven Rack
瓷盘：China Plate
瓷冷荤盘：China Cold Plate
瓷面包盘：China Bread Plate
瓷热食烤盘：China Casserole
瓷沙拉碗：China Bowl
瓷黄油碗：China Butter Dish
瓷茶壶：China Tea Pot
瓷咖啡壶：China Coffee Pot
瓷茶杯：China Tea Cup
瓷咖啡杯：China Coffee Cup
玻璃酒杯：Wine Glass
大纸餐盒：Big Paper Meal Box
小纸餐盒：Small Paper Meal Box

三、西餐（中英文对照）

开胃品：Appetizer
主菜：Entrée/Main Course
生菜：Lettuce
什锦：Combination
冷火腿：Cold Ham
卷心菜：Slaw
鲑鱼（三文鱼）：Salmon

泡菜：Pickles
酸黄瓜：Sour Cucumber
牛排：Beef Steak（嫩：Rare；中：Medium；老：Well‐done）
海鲜：Seafood
烧鹅：Roasted Goose
全麦面包：Whole Wheat
硬面包：Hard Rolls
黑面包：Rye Rolls
早餐面包：Breakfast
软面包：Soft Rolls
蒜蓉面包片：Garlic Slices
白芝麻面包：White Sesame Seed Rolls
法国面包：French Bread（Toast）

第四节 各种酒类

一、啤酒（Beer）

啤酒是用谷物经发酵并加啤酒花调香的饮料，其中以大麦为原料生产的啤酒效果最佳。啤酒有4 000多年的历史，创始于古埃及以及地中海沿岸地区，后传至世界各地。

（一）啤酒的分类

（1）按质地分：生啤［Draught（Draft）Beer］、熟啤（Pasteurized Beer）。
（2）按颜色分：黄啤（Lager）、黑啤（Stout）、棕啤（Ale）。
（3）按麦汁度数分：低浓度啤酒（原麦汁浓度7°~8°，酒精含量2%左右）；中浓度啤酒（原麦汁浓度11°~12°，酒精含量3.1%~3.8%）；高浓度啤酒（原麦汁浓度14°~20°，酒精含量4.9%~5.6%）。高浓度啤酒多产于德、日、美、丹麦四大啤酒国。

（二）饮用时机

（1）不受季节限制。在提供正餐的航班上配备。
（2）最好佐以各种果仁或肉类制成的菜肴。

（三）世界著名啤酒生产国

1. 德国

德国是世界上啤酒生产和消费的主要国家之一，拥有啤酒厂家1 500多个，其中

2/3 集中在巴伐利亚地区，因此，巴伐利亚有德国"啤酒库"之誉。最著名的产品是"卢云堡"。卢云堡是德国的传统啤酒，色泽较浓，它的狮子商标享有盛名，目前在国际上销售量最大。德国还生产独特的"霸克"啤酒。慕尼黑啤酒是德国慕尼黑地区生产的优质啤酒，该啤酒轻快爽适，有浓郁的麦芽香味，口味微苦。

2. 捷克斯洛伐克

捷克斯洛伐克以生产"比而森"啤酒而闻名于世。

3. 丹麦

丹麦啤酒的生产和贩卖起源于 15 世纪，历史虽短，但对世界啤酒界的影响颇大。丹麦著名的啤酒有"嘉士伯"。

4. 荷兰

荷兰是世界著名啤酒"喜力"的产地，喜力啤酒公司自 15 世纪以来就生产传统的啤酒，产量居世界第四位，该酒出口外销量很大。

5. 比利时

比利时啤酒产量大、品种多、质量高，1890 年，比利时开始生产"拉戈"（Lager）啤酒，但"斯苔拉阿多瓦"是目前比利时最著名的啤酒。

6. 英国和爱尔兰

在英国，人们日常饮用的啤酒以生啤酒和淡啤酒为主。常见的品种有"巴斯"生啤酒。爱尔兰以生产著名的"吉尼斯"黑啤酒而闻名于世，这种被称为"男子汉的饮料"的啤酒颜色为深褐色，口感丰满，很受消费者青睐。

其他国家和地区。美国以"百威"啤酒著称。日本在亚太地区独占鳌头，著名品牌有"麒麟""里幌""朝日""三得利"等。中国著名的啤酒有"青岛"啤酒、"燕京"啤酒、"五星"啤酒等。新加坡以"虎牌"啤酒闻名于世。"生力"啤酒原产地是西班牙，后传到其他国家，最后传到中国香港地区。澳大利亚生产于"福士达"、"天鹅拉戈"和"K. B."啤酒。

二、葡萄酒（Wine）

葡萄酒是以葡萄为原料，经过自然发酵而产生的酒。

（一）葡萄酒常识

葡萄酒是以葡萄为原料酿制而成的酒，属于一种酿造酒。各种葡萄酒的酿造过程虽不完全相同，但大致可分为选料、碎皮去梗、榨汁、发酵、陈化、装瓶六个步骤。其中，以橡木桶为主要工具的培养过程是使葡萄酒得以产生各种变化的基本条件之一。橡木桶之所以优于其他木材制的酒桶，是因为当葡萄酒在桶中培养时，氧气能缓缓侵入，使桶内的酒进行温和的氧化，既可达到柔化酒中丹宁的效果，也使酒性在酝酿成熟的过程中更趋稳定。

决定葡萄酒特性和品质的三大要素分别是：自然条件、人为种植与酿造技术，三者缺一不可。

葡萄酒中含有大量不饱和脂肪酸和营养成分,是养颜、健身的极佳饮品。葡萄酒的酒精度低于14% VOL。由于葡萄最适宜栽种在气候温和、日照充足、湿度适宜的地区,尤其是排水良好的向阳坡,而欧洲有许多地区符合这些生长条件,所以,欧洲的葡萄产业特别发达。目前,全世界80%的葡萄酒都产自欧洲。

(二) 葡萄酒的分类

1. 按质地分

(1) 白葡萄酒:以各种颜色葡萄为原料,去除皮、梗、种子后取汁、发酵制成,一般陈酿2~5年,贮存期1~3年,世界上最好的白葡萄酒产于德国的莱茵地区(Rhine)和摩泽尔地区(Mossel)。

(2) 红葡萄酒:一般用紫葡萄连皮带籽一起压榨取汁。其颜色来源于外皮的花色素和丹宁这两种物质,它的酿制时间比白葡萄酒长,而且多一次发酵过程,所以,同种同级的红葡萄酒要比白葡萄酒贵一些。一般陈酿4~10年,贮存期2~5年,世界上最好的红葡萄酒产自于法国的波尔多地区(Bordeaux)和勃艮第地区(Burgundy)。

(3) 桃红葡萄酒:将葡萄连皮发酵,中期去皮,一般陈酿2~3年,贮存期1~3年。

(4) 带泡葡萄酒(Sparkling Wine):葡萄酒的一种,带汽是其在瓶中进行二次发酵的原因。世界上很多地区都生产带泡葡萄酒,但只有法国的香槟地区(Champagne)生产的带泡葡萄酒最有名,人们习惯以本地区的名字冠以这种带泡葡萄酒,称其为Champagne。贮存期1~3年。标准瓶装8杯;半瓶装4杯;小瓶装2杯;特大瓶装16杯。

2. 按含糖度分

天然(Nature Brut)、特干(Extra Dry Extra – See)、干(Dry See)、半干(Semi – Dry Demi – See)、半甜(Semi – Sweet Demi – Doux)、甜(Sweet Doux),含糖量从每升4克以下至50克以上。

(三) 世界著名葡萄酒

世界上很多国家都生产葡萄酒,但从葡萄种植面积、葡萄酒产量以及葡萄品种来讲,以欧洲最为著名。欧洲著名的葡萄酒产地有法国、意大利、德国、西班牙、葡萄牙等国。这些葡萄酒生产国又被称为"旧世界葡萄酒生产国"。而一些新兴的葡萄酒生产国,如美国、澳大利亚、智利等国被称为"新世界葡萄酒生产国"。

1. 法国葡萄酒

波尔多是法国最大的酒乡,位于法国西南部,是法国葡萄酒的象征。波尔多红葡萄酒品种有卡本内·苏维翁、梅洛、卡本内·弗朗、马尔贝克、小维多。波尔多白葡萄酒品种有白苏维翁、塞米雍、白维尼、可伦巴。

即使法国不再是全世界最大的葡萄酒生产国,但法国葡萄酒仍旧受到全球葡萄酒爱好者的瞩目。法国变化万千的地质条件、得天独厚的温和气候，提供了葡萄优良品种成长所需的最佳条件；再加上传统与现代并存的技术，以及严格的品质管制系统，共同建立了这个最令人向往的葡萄酒天堂。

2. 德国葡萄酒

德国主要生产世界著名的白葡萄酒，因而德国葡萄酒产量中80%左右是白葡萄酒，其他20%是玫瑰红葡萄酒和红葡萄酒。德国的白葡萄酒因为糖酸度控制得好，故品质极佳，堪称世界一流。

白葡萄酒的主要品种有墨勒·图而高、雷司令、西尔凡纳等；红葡萄酒的主要品种有黑比诺（在德国被称为Spaburgunder）。

3. 中国葡萄酒

王朝白葡萄酒：由天津中法合营葡萄酿酒有限公司生产，王朝是我国第一个中外资合营的葡萄酒公司。王朝白葡萄酒属半干型，用玫瑰香葡萄酿制而成，果香浓郁，醇和润口，回味舒适，多次在国内外获奖，深受海内外消费者欢迎。

沙城葡萄酒：由河北沙城酒厂酿制，酒色淡黄微绿，清亮有光，爽而不涩，恰到好处，12度，在第三届全国评酒会上被评为"全国名酒"。

长城白葡萄酒：由中国长城白葡萄酒有限公司生产。公司位于河北沙城。此半干白葡萄酒果香突出，酒味充足，柔和细腻，回味无穷，1986年在巴黎第12届国际食品博览会上夺得金牌，一举轰动欧洲，被欧美专家誉为"典型的东方美酒"。

龙徽葡萄酒：公司建立于1988年，是一家中法合资企业。龙徽葡萄酒多次在国际上获奖，特别是龙徽赤霞珠葡萄酒，尤其受到好评。

长白山和通化葡萄酒：这两种葡萄酒也被评为"中国优质葡萄酒"。

中国地域辽阔，葡萄酒生产量大，品种繁多，优质的葡萄酒遍布全国各地。

参考文献

[1]陈淑君.民航服务、沟通与危机管理[M].重庆:重庆大学出版社,2017.
[2]韩瑛.民航客舱服务与管理[M].北京:化学工业出版社,2016.
[3]贾丽娟.客舱服务技能与训练[M].北京:旅游教育出版社,2012.
[4]杨桂芹.民航客舱服务与管理[M].北京:中国民航出版社,2013.